KB204230

부모가 가는 길로
자녀도 간다

부모가 가는 길로 자녀도 간다

초판 1쇄 발행 ｜ 2019년 9월 27일

지은이 ｜ 김종주
펴낸이 ｜ 이한민
펴낸곳 ｜ 아르카
총 판 ｜ 비전북
디자인 ｜ Design IF
제 작 ｜ 공간코퍼레이션

등록번호 ｜ 제307-2017-18호
등록일자 ｜ 2017년 3월 22일
주 소 ｜ 서울 성북구 숭인로2길 61 길음동부센트레빌 106-1805
전 화 ｜ 010-9510-7383
이메일 ｜ arca_pub@naver.com

홈페이지 ｜ www.arca.kr
블로그 ｜ arca_pub.blog.me
페이스북 ｜ fb.me/ARCApulishing

ⓒ 김종주, 저자와의 협약으로 인지는 생략되었습니다.
이 출판물은 저작권법에 의해 보호받는 저작물이므로 무단 전재와 무단 복제를 할 수 없습니다.
이 책 내용의 일부 또는 전부를 재사용하려면 반드시 저자와 출판사의 동의를 얻어야 합니다.
잘못 만들어진 책은 구입하신 서점에서 교환해 드립니다.

책 값 ｜ 뒤표지에 있습니다
I S B N ｜ 979-11-89393-10-6 03230
C I P ｜ 2019037203

아르카ARCA는 기독출판사이며 방주ARK의 라틴어입니다(창 6:15).
네가 만들 방주는 이러하니 … 새가 그 종류대로, 가축이 그 종류대로,
땅에 기는 모든 것이 그 종류대로 각기 둘씩 네게로 나아오리니 그 생명을 보존하게 하라 _창 6:15,20

부모가 가는 길로
자녀도 간다

Children Go Their Parents' Way

내 자식이 정말 잘 되도록 본을 보이는 부모교사 지침서

김종주 지음

아르카

신앙교육 실천을 응원하는 책

호용한 • 옥수중앙교회 담임목사, '사단법인 어르신의 안부를 묻는 우유배달' 이사장

샛강이 모여 강을 이룹니다. 세상일도 그렇습니다. 아무리 중요하고 좋은 일이라도 혼자 힘으로 되는 것이 아닙니다. '좋은 일이다', '잘하고 있다'고 응원하고 돕는 이들이 있을 때 힘을 내고 더욱 큰일을 할 수 있습니다. 저희 교회가 중심이 돼 17년째 하고 있는 '어르신의 안부를 묻는 우유배달'도 그랬습니다. 만난 적도 없고 얼굴도 모르는 많은 분들이 같은 마음으로 후원금을 보내주셔서 지금까지 올 수 있었습니다.

후원자들은 한결같이 더 나은 세상을 꿈꿨습니다. 혼자서는 어렵지만 십시일반 힘을 보태면 지금보다 더 나은 세상을 이룰 수 있다는 희망을 가졌습니다. 김종주 장로님이 그런 분이셨습니다. 장로님은 우리 교회가 매년 1억 원 넘게 장학사업과 구제사업을 한다는 이야기를 우연히 신문에서 읽으시고 후원을 시작하셨습니다. 저를 처음 만나는 자리에서 장로님은 거액이 든

봉투를 내미셨습니다. 작은 달동네 교회가 요즘에 보기 드문 귀한 사역을 하고 있다며, 포기하지 말고 사역을 계속하라고 격려하셨습니다. 장로님은 지금도 꾸준히 후원금을 보내주시며 우리 교회와 동역하고 있습니다.

특별히 김 장로님은 장학사업에 남다른 애정을 보이셨습니다. 사람을 사람답게 하는 힘은 교육에 달렸고, 교육이 바로 서야 나라가 바로 선다는 뜻이셨습니다. 갈수록 교육비가 늘어나는 현실에서, 교회가 도움이 필요한 학생들에게 장학금을 준다는 사실이 무척이나 귀하다고 격려해주셨습니다.

장로님은 몸은 고국을 떠나 있었지만, 마음은 고국을 향해 있었습니다. 가끔 장로님을 만날 기회가 있었는데, 그때마다 장로님은 혼탁한 고국의 정치 상황과 날로 세속화돼가는 교회를 보며 안타까워하셨고, 무엇보다 교회 청소년들의 신앙 현실을 보며 가슴 아파했습니다.

신앙교육이 부실해지고 있다는 진단은 어제오늘의 일이 아니고, 대부분이 그냥 안타까움을 느끼는 차원이었다면, 장로님은 신앙교육이 부실한 이유를 조목조목 구체적으로 진단하고 대책까지 제시하곤 했습니다. 그때마다 저는 장로님의 전문가 못지않은 안목에 놀라고, 신앙교육을 향한 열정이 부럽기도 했습니다.

이 책은 신앙교육을 향한 장로님의 고민과 애정, 그리고 소망이 한데 어우러진 책입니다. 예수 그리스도를 사랑하면 그분의 제자가 되어야 하고, 한 사람의 제자를 만들기 위해서는 신앙교육이 필요합니다. 신앙교육은 가정과 교회에 맡겨진 사명입니다. 특정한 가정이나 교회의 일이 아니라, 모든 가정과 교회가 감당해야 할 사명입니다. 그러기에 서로 격려하고 응원해야 합니다. 그런 면에서 이 책은 신앙교육의 중요성을 일깨우고, 기독교인 가정을 훈련하고, 신앙교육을 실천하는 분들을 응원하는 책입니다.

더불어 이 책은 우리에게 희망을 제시하고 있습니다. 올바른 신앙교육을 통해 사람이 바로 서고, 한국교회가 새로워지고, 조국이 살아날 수 있습니다. 샛강이 모여 강을 이루는 원리와 같습니다. 김 장로님의 기도와 염원이 독자들 가슴에 샛강을 이루고, 마침내 조국을 살리는 큰 강으로 흘러가길 기원합니다.

부모의 신앙과 삶으로 전할 가치

김태현 • 필리핀 기독교문화교육 선교사

오랜 세월 미국에서 살아오신 김종주 장로님께서 한인교회 교육현장에서 겪으셨던 경험을 토대로, 고국의 기독교 가정의 다음세대까지 염려하는 마음을 담아《부모가 가는 길로 자녀도 간다》를 출간하였습니다.

장로님은 격변해온 세월 속에서 언제나 선도자의 삶을 살아오셨기에 그 누구보다 통찰력이 남다르셨습니다. 특히 교회 주일학교와 기독교 가정의 자녀교육에 대한 관심이 매우 컸습니다. 따라서 이 시대에 맞는 자녀교육 지침서가 반드시 필요하다는 생각을 하시게 되었다고 여겨집니다. 매우 기쁘게 여기고 환영합니다.

저는 오랜 세월 김종주 장로님을 가까이서 바라보면서, 장로님께서 그 누구보다 다음세대를 아끼고 사랑하는 마음이 크시다는 것을 알게 되었습니다. 오늘날 우리의 자녀들은 이전 세대와 다른 시대를 살아가고 있지만, 그들에게 필요한 것은 첨단의 교육 시스템이 아니라 하나님께서 온 인류의 생존과 번영을 위해 내려주신 성경이라는 것을 장로님께서는 일찌감치 인식하셨습니다. 따라서 성경의 가치와 가르침이 가정에서 부모들을 통해 전해져야 한다는 사실을 확신하셨을 것입니다.

저도 한국교회에서 30년간 청소년들을 지도했으며, 지금은 필리핀에서 청소년 제자들을 선발하여 미래의 일꾼으로 양육하고 있습니다. 이들을 위한 가장 중요한 교과서는 바로 성경입니다. 성경이 교회에서 교육되어야 하는 것은 물론이요, 반드시 가정에서 부모의 신앙과 삶을 통해 자녀들에게 전달되어야 한다는 필요성을 절감해왔습니다. 그런데 믿음의 가정에서 부모들이 그 필요성을 인식한다 하더라도, 문제는 어떤 방법과 원칙에 따라 자녀들에게 성경과 그 가치관을 가르칠 것인지에 대한 지침서는 절대적으로 부족하다는 것입니다.

한국의 기독교 가정마다 이러한 성경적 자녀교육 지침서가 절실히 요구되는 매우 시기적절한 때에, 장로님께서 이 귀한 책을 발간하게 되었습니다. 교단과 교회의 교육 전문가들이 출간한 책도 있겠으나, 이 책은 오랜 신앙 인생 경험에서 나온 통찰력으로 다음세대에 대한 애정을 가지고서, 기독교인 부모들에게 꼭 남기고 싶은 마음을 문장마다 정성껏 담아 쓴 것이기에 더욱 깊이가 있습니다. 현실의 가정에서 성경을 교육할 때의 난제들과 그 문제들을 극복하기 위한 새로운 시각과 대안이 담겨 있으며, 자녀교육에 필요한 단계적 목표를 설정하여 성취해가

부모가 가는 길로 자녀도 간다

는 방식으로 작성되었습니다.

장로님은 이 책에서 부모들이 반드시 자녀들의 성경교사가 되어야 한다고 강조합니다. 다른 사람에게 이 일을 떠넘기거나 기대해서는 안 됩니다. 그러기에 장로님은 '부모교사', 즉 부모이면서 성경교사인 신앙의 지도자를 양성하기 위한 지침까지 이 책에 세심하게 담았습니다. 3부의 '부모교실'이 그런 내용을 담고 있습니다.

이 책이 이 땅의 많은 기독교 가정에서 읽혀지고 쓰임받기를 소망합니다. 가능하다면 여러 언어로 번역되어 각 나라의 기독교 가정에서도 애독될 수 있기를 바랍니다.

모든 기독교 가정의 자녀들이 주간에 단 한 번만이라도 같이 모여 부모가 들려주는 성경 이야기를 들을 수 있다면, 이 땅을 어지럽히고 있는 수많은 문제들이 금세 사라지리라고 봅니다. 저는 이러한 미래의 꿈을 꾸면서, 이 땅에서 자녀들을 진심으로 아끼고 사랑하는 모든 기독인의 가정에 충심어린 마음으로 이 귀한 책을 추천합니다.

우리가 길러내야 할 믿음의 사람

하나님은 사람을 창조하시되 자기 형상대로 창조하시고 그 속에 지정의(知情意)를 주셨다. 그러나 시간이 지나면서 사람들이 땅 위에서 번성해감에 따라, 죄악이 가득 차 이르지 않은 곳이 없게 되었다. 사람들의 생각과 계획이 항상 악할 뿐인 것을 하나님께서 보시게 되어, 결국 사람 지으심을 한탄하시고 근심하시게 되었다고 성경에 기록되었다(창 6:5,6).

사람들의 죄와 혼란과 타락이 깊어짐에 따라 하나님이 주셔서 온전히 지켜야 할 지정의는 사라지고, 세상은 빛을 잃어 날이 갈수록 어두워지고 절망 속으로 빠져 들기만 하는 상황으로 변하게 되었다.

우리는 절망의 세계가 우리를 완전히 정복하기 전에, 사람이 사람다워지는 성경적인 지정의를 다시 찾아야 한다. 그것을 어디에서 다시 찾을 것인가? 다름아닌 믿음의 가정이다. 내일을 살아갈 자녀들을 양육하는 가정을 통하여 하나님이 주신 지정의를 회복할 수 있는 탓이다. 자녀들을 사람다운 지정의를 가진 인격으로 세우고, 성경을 참 행복과 영생의 길을 펼쳐주는 고귀한 책으로 보고 길잡이로 삼게 하는 것이 '자녀를 살리는 신앙교육'의 목적이자 나의 소망이다.

우리가 길러내야 할 사람은?

그러면 우리가 길러내야 할 믿음의 사람은 어떠해야 하는가? 하나님이 지으신 사람의 정의는 창세기 5장 1,2절에 잘 기록되어 있다.

> [1]이것은 아담의 계보를 적은 책이니라 하나님이 사람을 창조하실 때에 하나님의 모양대로 지으시되 [2]남자와 여자를 창조하셨고 그들이 창조되던 날에 하나님이 그들에게 복을 주시고 그들의 이름을 사람이라 일컬으셨더라 _창 5:1,2

하나님은 사람을 창조하시되 자기의 형상(形像)대로 창조하셨다. 또한 하나님이 그들에게 복을 주시고 그들의 이름을 '사람'이라고 부르셨다고 성경은 기록하였다.

사람은 하나님의 다른 피조물인 동물과 다르다. 동물은 본능적 욕구를 충족하면 만족하지만, 사람은 본능적 욕구를 초월한 다른 가치체계에서 사람다움의 인격과 인성의 요소인 '지정의'의 정체성을 바로 정립해야 만족한다. 이것이 동물과 사람을 구별하는 기준이며 차이라고 할 수 있다.

　　그러나 오늘 이 시대를 사는 사람들의 가치관과 세계관이 무엇을 목표로 하고 어떤 것을 갈망하고 있는지 조심스럽게 관찰한다면, 사람다움의 본래 요소인 지정의보다 본능적 욕구인 물질세계의 소산물, 즉 부(富), 명예(名譽), 권력(權力)을 더 추구하고 있음을 볼 수 있다. 젊은이들이 추구하는 성공과 행복도 사람다운 인격과 생활 가운데에서 구하려는 것이 아니라 스펙을 성취하려는 데 있다. 그것은 하나님의 뜻을 구하는 것이 아니다.

　　우리가 하나님의 뜻을 따라 산다면 하나님께서는 생육하고 번성하게 하시고 복을 주신다고 약속하셨다. 이 약속의 말씀과 가치관은 올바른 성경교육을 통해 전달된다. 그러나 기성세대는 이 중차대한 교육을 너무 소홀히 하고 때로는 도외시하기까지 하였다. 교육이 개인, 가정, 사회와 국가의 운명을 좌우하는 것을 잘 알면서도 말이다. 성경 빌립보서 1장 9-11절에서 사도 바울은 이렇게 기도하고 있다.

⁹내가 기도하노라 너희 사랑을 지식과 모든 총명으로 점점 더 풍성하게 하사 ¹⁰너희로 지극히 선한 것을 분별하며 또 진실하여 허물 없이 그리스도의 날까지 이르고 ¹¹예수 그리스도로 말미암아 의의 열매가 가득하여 하나님의 영광과 찬송이 되기를 원하노라

_빌 1:9-11

이 말씀에 기록된 네 가지 중요한 내용이 부모가 자녀를 위해 하나님께 간구하는 기도제목이 되기를 바란다.

첫째, 자녀를 향한 사랑이 본능적이고 물질적 사랑이 아닌 지식과 총명이 풍성한 사랑이 되기를 바라자.

둘째, 세상의 혼란, 타락, 죄악의 바람과 창수 속에서 선과 악을 분별할 수 있는 능력을 가지고 살기를 바라자.

셋째, 우리의 삶과 관계 속에서 진실하고 허물없이 그리스도의 날까지 이를 수 있도록 인도하여주시기를 바라자.

넷째, 거짓, 불의, 다툼과 분쟁 속에서 소금과 빛 그리고 그리스도의 향기를 발하기를 바라고 기도하자.

그 결과 자녀에게 의의 열매가 맺어져 하나님의 영광과 찬송이 되도록 열심히 기도하면서, 한 달란트가 아닌 두 달란트와 다섯 달란트를 남기는 종의 자세로 지혜와 사랑으로 말씀을 심고 기도로 물을 주면, 하나님께서 자녀들을 통해 우리에게 기쁨의 열매를 주실 것을 확신한다.

필자는 이렇게 말씀을 따른 기도를 '자녀를 살리는 밀알교육'이라고 부른다. 이 교육의 뿌리이며 기초가 바로 자녀에게 말씀을 가르치며 기도해주는 것이라고 생각한다. 또한 이렇게 말씀과 기도로 교육하는 것이 하나님의 뜻을 이루려는 우리 모두의 간절한 소원이 되기를 바라는 것이다.

사람의 뿌리와 기초를 세우는 일

높고 푸른 나무의 뿌리는 눈에 보이지 않는다. 건축에서 기초가 없다면 웅장하고 아름다운 건물을 볼 수 없듯이, 사람에게도 뿌리와 기초가 있다. 그 뿌리는 사람을 사람답게 살게 하고, 사람다운 격(格)을 잃지 않게 하고, 올바른 일을 하며 살도록 붙잡는 힘이다. 사람의 뿌리와 기초를 세우는 일이 바로 '교육'이다.

그런데 나무 심기도 사실 쉬운 일이 아니다. 잘못 심으면 뿌리가 제대로 내리지 못해 자라지 못한다. 자연히 열매 또한 기대하기 어렵다. 그런 나무는 결국 좋은 나무가 되지 못한다. 사람도 어려서 기초가 잘못되면 좋은 인격을 기대할 수 없다.

사람에게 뿌리 같은 기초를 심는 시기는 유아기부터 십대에 이르기까지의 성장기다. 이때는 자녀가 부모의 영향권 아래에 있는 시절로, 부모가 자녀의 교육에 절대적인 영향을 미친다.

부모는 자녀의 성장기에서 교육의 주체이면서 사랑의 주체이기도 하다. 사랑은 생명을 낳는다. 암탉이 알을 품는 힘은 사랑이다. 암탉은 한번 알을 품으면 알이 부화될 때까지 식음을 전폐하다시피 한다. 조금이라도 자신의 체온이 알에 더 전달되도록 품고 또 품는다. 암탉은 그렇게 모진 고통을 마다않고 인내와 노력 끝에 알을 부화시킨다. 마침내 때가 되면 병아리가 알을 깨고 나온다.

부모 역시 마찬가지다. 부모는 온 정성으로 자식을 낳고 키운다. 부모에게 자식은 세상의 시작이요 끝이다. 좋은 일에는 언제나 자신보다 자식이 먼저다. 부모는 자신이 세상에서 버림받을지언정 자녀는 포기하지 않는다. 교육에는 그런 사랑이 먼저 필요하다. 부모가 자녀를 사랑하고 끝까지 참고 기다리는 것처럼, 교육은 사랑과 헌신으로 섬겨야 한다. 그렇게 사랑을 쏟고 인내할 때 아름다운 열매를 맺는다.

부모가 가는 길로 자녀도 간다

오래전 읽은 책 중에, 이 구절이 머리에 자주 떠오르곤 한다.

"젊은이가 가는 대로 나라가 간다"

'많은 의미를 담고 있는 글이로구나' 하는 생각을 하였다. 가정의 자녀교육을 위해 이 글을 조금만 바꾸어보면 "부모가 가는 길로 자녀도 간다"라고 쓸 수 있을 것이다. 이 원리는 예수님이 제자들을 가르치신 원리이기도 하다.

예수님은 승천하시기 전 제자들에게 마지막 당부를 하셨다.

¹⁹그러므로 너희는 가서 모든 민족을 제자로 삼아 아버지와 아들과 성령의 이름으로 세례를 베풀고 ²⁰내가 너희에게 분부한 모든 것을 가르쳐 지키게 하라 볼지어다 내가 세상 끝날까지 너희와 항상 함께 있으리라 하시니라 _마 28:19,20

예수님의 제자가 되기 위해 우리는 아버지와 아들과 성령의 이름으로 세례를 받고, 예수님의 가르침을 배우고, 그 가르침대로 살아야 한다. 그것이 말로만 예수님을 사랑하는 것이 아닌 행동으로 예수님을 사랑하는 길이다.

동시에 우리가 예수님의 제자라면 마땅히 그 명령을 수행해야 한다. 제자는 또 다른 제자를 낳아야 한다. 하나님의 나라는 그렇게 확장된다. 하나님은 우리에게 그 명령을 수행할 첫 번째 대상으로 자녀를 주셨다. 우리가 예수 그리스도의 제자이면, 우리는 자녀에게 예수 그리스도를 가르치는 교사가 되어야 한다.

이제 필자는 이 책을 읽는 부모들에게 몇 가지 질문을 던지려 한다.

"당신은 자녀에게 예수 그리스도를 제대로 가르치고 있는가? 예수님의 가르침대로 자녀를 양육하고 있는가? 예수님의 본을 따라 자녀를 죽기까지 사랑하지만, 그 사랑을 올바르게 전하고 있는가? 궁극적으로, 당신은 자녀를 살리는 한 알의 밀알이 되고 있는가?"

잊지 말자. 자녀를 진정으로 살리고 사랑하는 길은 부모가 바르게 살아가는 모습을 보이는 것이다. 부모가 어떻게 살았든지, 결국 자녀는 그 부모가 걸어간 길로 살아가기 마련인 탓이다. 예수님의 제자들이 예수님의 본을 따라 살았던 것과 마찬가지다.

비록 모든 부모는 완벽하지 못한 사람이지만, 자녀의 인생을 좌우하는 최초의 인생 모델이기도 하다. 그러므로 부모는 말로만 가르치려 말고, 남에게 자녀교육을 다 맡기지도 말고, 반드시 자기 삶으로 보여줌으로 교육해야 한다. 이 책이 부모가 자녀를 향한 바른 사랑을 점검하고, 그 사랑을 제대로 구현하는 길을 찾아가는 길잡이가 되길 바란다.

이 책의 시작부터 발간에 이르기까지 관심과 지도와 돌봄으로 조산(助産)의 수고를 해주신 옥수중앙교회 호용한 목사님에게 심심한 감사를 드린다. 아울러 한평생 내 곁에서 기도로 함께 해준 사랑하는 김혜자 권사와 자녀 모두에게 감사의 마음을 나누고 싶다.

캘리포니아 실리콘 밸리에서

김종주

⟨ 차 례 ⟩

PART **1** 세상 거스르기 ——————

PART 1

세상 거스르기

01

인본주의 교육의 달콤한 유혹

어린이가 내일의 주인이고 미래사회의 기둥이라고 우리는 생각하고 말한다. 어린이들이 건강하게 자라 고귀한 인격을 갖추고 성실하게 가정을 이루며, 건전한 사고로 미래사회를 이끌어가길 원하기 때문이다.

기독교인은 여기에 한 가지 기대를 더한다. '신앙심'이다. 어릴 때부터 예수 그리스도를 제대로 알고, 나이가 들수록 예수 그리스도를 더 닮아가길 바란다. 세상 어떤 가치보다 예수 그리스도를 우선순위에 두길 바라는 것이다. 그래서 우리는 가능하면 교회 다니는 모든 어린이와 청소년들이 그런 목표 아래에서 자라나고 교육받기를 바란다.

그러나 그 어린이나 청소년이 내 자녀일 경우는 생각이 조금 달라진다. 많은 부모가 겉으로는 자기 자녀를 예수 그리스도를 닮은 사람으로 키우고 싶다고 말은 하지만, 마음 깊은 곳에는 자기도 모르는 숨은 '욕심'이 있다. 그 욕심은 성경이 말하는 '크고 넓은 문'과 맞닿아 있다. 자신이 평생토록 '좁은 문' 앞에서 주저하며 살아왔던 것처럼, 자녀에게도 '좁은 문'을 권유하기가 쉽지 않다.

{ 두 갈래 길과 우리의 욕망 }

자녀교육에서 좁은 문은 '참 사람'과 '성숙한 신앙인'이 되도록 가르치는 일이다. 멸망으로 인도하는 크고 넓은 문은 세상 사람들과 마찬가지로 '돈'과 '권세'와 '명예'를 좇아 살도록 가르치는 일이다. 쉽게 말해 '출세'를 목표로 삼는 길로 가는 문이다.

성숙한 기독교인은 돈과 권세와 명예를 얻으려 해선 안 된다는 말이 아니다. 하나님은 예수 그리스도를 따라 사는 기독교인에게도 얼마든지 돈과 권세와 명예를 허락하신다. 중요한 것은 무엇이 우선순위이고, 삶의 목표를 어디에 두고 사느냐이다.

돈과 권세와 명예를 예수 그리스도보다 사랑하고, 그것을 인생의 목표로 삼은 사람은 크고 넓은 문을 향해 가는 사람이다. 그 길이 평탄하고 호화로울지 모르지만, 끝에는 후회와 절망만 있을 뿐이다. 자녀를 둔 기독교인 부모는 특별히 교육의 길에서, 이 두 갈래 가운데 하나를 선택해야 한다.

기독교인으로서 당신 앞에 이런 두 길이 있을 때, 당신은 자녀에게 어떤 길을 추천하고 있는가? 노골적으로 묻자면, 부모인 당신이 많은 시간과 물질을 들여 자녀를 교육하는 목적이 무엇인가? 돈과 명예와 권력에 대한 욕심에서 얼마만큼 자유로운가? 하나님이 세상을 거슬러 살라고 말씀하실 때, 당신은 그 말씀에 순종할 용기가 있는가?

안타깝게도 우리 사회의 교육은 현실에서 크게 비뚤어져 있다. 교육의 목적과 본질적 의미가 왜곡되고, 심지어 상실되고 말았다. 사람을 바로 세우고 세상을 온전케 하는 교육이 아니라, 사람을 짓밟고 세상을 혼탁하게 만드는 교육이 되어버렸다. 이런 풍토 속에서 과연 내 자녀를 바로 키우고 미래사회를 이끌어갈 고귀한 인격의 소유자로 세울 수 있을까? 필자는 이런 의문이 들 때마다 불안한 마음을 감출 수 없다.

{ 이 시대의 특징 }

한국의 한 TV방송에서 〈스카이캐슬〉(SKY Castle)이라는 드라마가 방영돼 선풍적인 인기를 끌었다. 자녀들을 명문 의과

대학에 보내기 위해 물불을 안 가리는 부모들, 그리고 치열한 경쟁관계 속에서 그런 부모들의 노력과 술책을 즐기거나, 아니면 그로 인해 힘들어하는 아이들이 주인공이었다.

이 드라마가 인기를 끈 이유가 우리 모두의 관심사인 자녀 교육의 문제를 적나라하게 드러냈기 때문만은 아니다. 자녀를 둔 부모라면 어느 정도 가지고 있는, 그러면서도 몰래 감추어둔 욕망이라는 역린을 건드렸기 때문이다. 앞에서 말한 '크고 넓은 문'을 향한 욕망이다.

시청자들은 드라마를 보며 "꼭 저렇게까지 해야 돼?"라고 손가락질을 하면서도, 마음속으로는 '내 자식을 의과대학에 보내고 출세시킬 수만 있다면, 나라도 저렇게 하고 싶다'고 생각했다. 우리를 〈스카이캐슬〉로 옭아매고 있는 세상적인 욕망은 그렇게 집요하고 무섭다.

미국의 존 파이퍼 목사님은 인간 내면에 자리 잡은 세 가지 욕망이자 위험이 '돈', '섹스', '권력'이라고 간파했다. 그 진단은 정확해서, 이 세 가지는 역사 이래 인간 생활의 중심 이슈였다. 지금도 수많은 인간이 이 문제에 넘어지고 있다. 이 세 가지는 그 자체로 그치지 않고 여러 곁가지를 낳고 있으며, 이제 우리가 사는 이 시대에 새로운 모습으로 표현되고 있다.

돈, 섹스, 권력과 관련하여, 이 시대의 특징은 다음과 같다.

첫째, 오늘을 사는 많은 이들이 인생 최상의 목표를 돈, 섹스, 권력으로 대표되는 물질과 향락에 두고 있다.

사람들은 이 세 가지를 손에 넣기 위해 밤낮 없이, 그리고 방향 없이 동분서주하고 있다. 뉴스나 가십거리의 대부분이 돈, 섹스, 권력에 얽힌 문제들이고, 드라마나 영화의 소재 역시 별 다르지 않다. 더 심각한 문제는 돈과 섹스와 권력에는 만족이 없다는 점이다. 더 많이 가지려 하고, 더 자극적인 것을 원하고, 더 높은 자리에 오르려는 욕망이 점점 더 사람들을 옭아매고 있다.

둘째, 오늘의 세계는 과학과 기술의 진보를 바탕으로, 문명이 고도화된다는 미명 아래 새로운 바벨탑을 쌓고 있다.

인공지능(AI)과 복제기술, 가상공간, 사물인터넷 등 갖가지 새로운 기술들이 인간을 바벨탑 위로 끌어올리고 있다. 과학과 기술을 딛고 일어선 인간은 창조주 하나님을 외면하고, 더 나아가 자신이 하나님이 되고자 한다.

셋째, 많은 사람들이 본능에 이끌려 편리와 속도를 추구하고, 나 외에는 관심을 두지 않는 방임주의에 매몰되고 있다.

자녀교육에서도 '방임주의'로 치우쳐 자녀를 제대로 교육하지 않거나 돌보지 않는다. 아예 책임을 외면하는 부모로 인해 자녀가 내팽개쳐지는 경우도 있다.

넷째, 현대인은 극단적인 개인주의에 치우쳐 있다.
많은 가정에서 사랑의 공동체이자 가족들 간의 협력체로서
의 기능은 점점 미약해지고 '나홀로주의'에 만족하는 경향이
팽배해지고 있다. 극단적 개인주의는 고립을 낳고 공익을 저
해하는 등, 많은 문제점을 가져온다.

다섯째, 변화하고 있는 현대인의 의식 속에서 올바른 가치관이 뿌리
째 흔들리고 있다.
인간이 기본적으로 지녀야 할 윤리와 도덕은 성적 문란과 타
락 속에 매몰되고, 정신세계에서는 혼돈과 공허가 날로 심화
되고 있다. 최근에 한국에서도 논란이 되고 있는 동성애가 그
중 대표적 문제이다. 동성애가 만연한 유럽의 어느 나라에서
는 부모의 성별도 자유롭게 선택할 수 있어서, 심지어 여자가
아버지가 되고 남자가 어머니가 될 수도 있다고 한다. 한국도
그렇게 될까 싶어 염려스럽다.

　이와 같은 세상의 다섯 가지 특징들은 성경이 말하는 세
상 끝날의 징조와도 닮았다. 예수님은 마태복음 24장에서 세
상 끝날의 징조로 전쟁, 질병, 지진, 거짓 선지자, 거짓 그리스

도 등을 언급하시고, 제자들에게 "사람의 미혹을 받지 않도록 주의하라"(마 24:4)고 말씀하셨다.

이런 뒤틀려진 혼돈 가운데 우리가 결코 포기하지 말아야 할 것이 있는데, 그것이 바로 다음세대를 바로 세우는 '교육'이다. 그래서 교육을 포기하는 것은 미래를 포기하는 것이다. 고단한 현재를 견딜 수 있는 힘은 '내일은 다를 것'이라는 기대에 있기 때문이다. 그러기에 우리는 이 시대의 교육 현실을 깊이 고민하고, 나아가 세상 교육의 목적과 내용이 어떤 흐름 속에 있는지를 통찰해야 한다.

자녀를 사랑하는 부모라면 사랑하는 자녀들이 미래에 어떤 모습으로 살아갈 것인지를 고민해야 한다. 자녀를 사랑하는 부모라면 이 책임감을 외면해선 안 되고, 문제의 심각성을 도외시할 수도 없다. 동시에 기독교인 부모는 예수님이 승천하시기 전에 당부하신 명령, "내가 너희에게 분부한 모든 것을 가르쳐 지키게 하라"(마 28:20)는 말씀을 기억해야 한다.

기독교인 부모는 세상이 추구하는 교육관, 가치관, 생활관, 인생관에 휩쓸릴 것이 아니라, 성경이 말하는 교육관, 가치관, 생활관, 인생관을 가르치고 지키게 해야 한다. 세상 끝날에 불어닥칠 시련과 시험 속에서도 우뚝 설 사람, 하나님이 바라시는 참 사람의 씨가 다음세대 마음의 옥토에 심겨지도록, 우리는 팔을 걷어붙여야 한다.

{ 인본주의의 함정 }

과거 동양에서는 유교의 가르침을 가치 체계로 삼았다. 우리나라도 수백 년 동안 공자와 맹자의 가르침을 배우고 삼강오륜을 익혔다. 서양에서는 기독교가 그 자리를 차지했다. 성경이 서양에서 오랜 시간 가치의 유일한 척도였던 것이다. 심지어 중세에는 교회가 세상 권력을 지배하기도 했다.

기독교와 유교의 가르침은 다른 부분이 물론 많지만, 비슷한 부분 또한 적지 않다. 무엇보다 기독교와 유교는 절대적인 도덕관념을 가지고 있다는 점에서 닮았다. 그런데 요즘에는 동서양을 막론하고 절대적인 가치에 대한 가르침보다 인간의 자율적인 판단에 더 가치를 두는 인본주의적 사고가 사회를 지배하고 있다.

인본주의는 애초에 인간의 존엄성을 존중한다는 의미에서 출발했다. 그러나 어느 틈엔가 변질을 거듭해, 이제는 하나님을 배격하고 모든 일을 인간 중심으로 해석하는 사상이 돼버렸다. 인간 중심이라는 것도 인간 전체를 총체적으로 묶어 생각하기보다, 개별적인 인간의 권리와 자유만 강조하다보니 타락한 본성과 맞물려 잘못된 결과물을 낳고 있다.

인본주의적 사고는 결국 신을 거부하는 무신론에 맞닿아 있다. 이런 인본주의적 사고는 교육계에도 스며들었다. 인본주의는 근본적으로 인간의 본성이 선하다고 보기 때문에, 교육에도 자율과 자유에 높은 가치를 둔다. 학생들에게 기준이나 규범을 제시하기보다 그들 스스로 판단하는 것을 신뢰하고, 그것이 그들을 더 나은 길로 인도할 것이라고 생각한다.

또한 인본주의 교육은 절대적 선이나 가치를 인정하지 않는다. 자연히 인간을 창조하신 하나님에게는 철저히 무관심하다. 이런 분위기이다 보니, 요즘은 기독교인 아이들이 학교에서 교회 이야기를 하면 교사나 친구들로부터 무시당하거나 조롱당하기까지 한다.

한 지인으로부터 들은 이야기이다. 서울의 한 초등학교에서 가훈(家訓)을 발표하는 시간이 있었는데, 한 아이가 '먼저 그의 나라와 그의 의를 구하라'는 성경 말씀을 발표하려 했더니 담임교사가 만류하더라는 것이다. 종교적 색채가 강하다는 것이 이유였다. 인본주의 교육은 이처럼 철저하게 하나님을 거부한다.

또한 인본주의적 교육은 인간이 가진 능력치를 최대한 계발하려는 것을 목표로 한다. 때문에 많은 부모들이 유혹을 느끼는 것이 사실이다. 그러나 그것은 말 그대로 유혹이다. 하나님을 믿지 않는 인간은 높아지고 능력을 발휘할수록 죄를 지을 뿐이다. 사실 그렇게 높아질 수 없고, 그런 능력을 가질 수도 없다. 그 유혹은 아담과 하와를 유혹했던, 먹음직도 하고 보암직도 하고 지혜롭게 할 만큼 탐스럽기도 한 나무와 같다. 성경 잠언은 "어떤 길은 사람이 보기에 바르나 필경은 사망의 길이니라"(잠 14:12)라고 했다. 기독교인은 절대 진리인 예수 그리스도를 믿는 사람들이다. 성경적 자녀교육을 소망하는 부모라면 인본주의의 함정에 빠지지 말아야 한다.

인본주의 교육은 결과적으로 도덕적 혼란과 무질서를 낳았다. 서구 사회가 그 증거다. 절대적인 도덕 기준을 포기하고 인간의 이성적 판단과 자율에만 의지한 결과, 서구 사회는 무너졌다. 동성애로 대표되는 성적 방종과 타락, 갖가지 중독과 탐욕으로 멸망해가고 있다.

13좁은 문으로 들어가라 멸망으로 인도하는 문은 크고 그 길이 넓어 그리로 들어가는 자가 많고 14생명으로 인도하는 문은 좁고 길이 협착하여 찾는 자가 적음이라 _마 7:13,14

02

급변하는 교육 환경의 도전

교육은 사람을 건강하게 바로 세우는 것이 목적인데, 요즘은 도리어 아이들이 교육 때문에 병들어가고 있다. 한국과 일본과 미국을 비롯해 많은 나라에서 청소년들이 지나친 입시 경쟁으로 인해 정신적으로 어려움을 겪고 우울증을 앓고 있다.

2016년 한국 통계청 발표 자료에 따르면, 15세에서 19세 사이의 청소년 자살 인구가 200명 가량으로 10만명 당 7.9명 수준이라고 한다. 청소년 자살률로는 세계 1위 수준이다. 같은 통계 자료에서 청소년 자살 충동의 원인 48.1퍼센트가 성적 및 진학이었다. 자살을 선택한 청소년들의 절반가량이 성적 및 진로 문제와 연관돼 있음을 짐작할 수 있다.

공부를 잘하는 학생들도 우울증에서 예외는 아니다. 2018

년 한 통계 조사에 따르면 서울대학교 재학생들의 46.5퍼센트가 우울증을 경험한 것으로 알려졌다. 용케 입시경쟁에서 승리해 대한민국 최고라는 대학에 합격하고도 정신적으로는 병들어가는 것이다.

{ 위탁교육의 결과 }

이 시대 자녀교육의 대표적 특징은 대부분의 교육이 위탁으로 이뤄지고 있다는 점이다. 교육이 아이들을 병들게 하는 현상은 지나친 위탁교육의 결과이기도 하다.

지식교육은 학교에, 기능교육은 사설학원에 위탁되고, 자녀교육에서 부모의 책임과 역할은 재정 후원과 생활 도우미 수준으로 전락해버렸다. 학교교육은 성적표 한 장으로 교육 만족도가 측정되고, 기능교육의 최종 목표는 발표회나 전시회 참여 여부가 되어버렸다.

건강한 인격체를 구성하는 데 필요한 인생관, 가치관, 가정관, 행복관에 관한 교육은 오늘날의 위탁교육 현실에서는 불가능하다. 부모들 또한 자녀들의 인성, 신앙, 가치관, 참된 행복관과 바른 문화교육 등을 위한 교육적 영향력을 잃어버렸고, 자녀 사랑의 주체로서의 책임과 사명을 상실해가고 있다.

위탁교육의 폐해가 이렇게 심각함에도 불구하고 부모들은

문제의 심각성을 깨닫지 못하고 있다. 이렇다 할 목적의식이 없고 구체적인 대안을 제시하지 못한다. 그러니 부모들의 책임도 간과할 수 없는 것이다.

대다수 부모들이 가지고 있는 자녀교육의 최우선 관심은 미래사회 경쟁력을 위한 지식과 지능교육에 치중돼 있다. 그 목표는 이른바 세상에서 출세하는 것이다. 세상적 성공주의가 저변을 이룬 치부(致富), 명예, 출세가 교육 목표의 중심에 있다. 반대로 자녀들의 신앙 자세 확립과 인격 함양, 가치관 교육에는 점점 관심과 비중이 줄어들고 있다.

{ 과중한 교육비 부담 }

많은 이들이 예전에 비해 아이 키우기가 어렵다고 말한다. 여러 이유가 있지만, 그중 첫째는 교육비가 너무 많이 든다는 것이다.

한국의 경우 중학교까지는 의무교육이고, 공교육에는 무료급식을 비롯해 여러 가지 지원이 많아 별다른 어려움이 없다. 문제는 학원으로 대표되는 사교육에 너무 많은 비용이 든다는 점이다. 사교육비는 어제오늘의 문제가 아니지만, 갈수록 증가 폭이 늘어나고 있어 부모들을 어렵게 만들고 있다.

통계 발표에 의하면, 2018년 한국 초·중·고생 1인당 월

평균 사교육비는 29만 1000원으로 역대 최고치를 기록했다. 사교육비는 소득 수준별로 차이를 보여, 월평균 소득 800만 원 이상인 가구의 월평균 사교육비는 50만 5000원, 200만 원 미만인 가구는 9만 9000원으로 무려 5.1배나 차이가 났다. 실제로 좀 여유가 있다는 가정에서는 자녀가 한국어를 채 배우기도 전에 영어학원에 먼저 보낸다. 어떻게든 내 자녀가 다른 아이들보다 앞서고, 다른 아이들보다 좋은 학교에 가고, 더 좋은 대학에 가야 한다는 욕심 때문이다.

또한 어떤 조사에 따르면 한국에서 일류대학이라 불리는 스카이(SKY) 대학 재학생의 70퍼센트가 소위 금수저 집안이라고 한다. 반면 저소득층 계층은 재학생의 11.4퍼센트에 불과했다. 상황이 이렇다보니 '개천에서 용 난다'는 말은 옛말이 돼버렸다. 요즘에는 '부모 통장에서 용 난다'는 자조적인 말이 돌고 있다.

{ 사회 환경의 유혹 }

자녀교육에 영향을 끼치는 사회 환경 또한 녹록치 않다. 컴퓨터와 멀티미디어 기술의 발전은 시간과 공간을 초월해 사람의 마음을 흔들고 있다. 각종 스마트 기기와 SNS, TV, 게임 콘텐츠들은 자극적이고 폭력적이며, 소비적인 콘텐츠로 자녀들을 유혹하고 있다. 거리에는 선정적인 영화 광고나 음란물 광고가 흘러넘치고, 각종 상업적인 광고들이 아이들의 눈과 귀를 점령하고 있다. 이와 같은 환경에 자주 노출되는 자녀들은 정상적인 사고와 바른 마음가짐을 상실하고, 교회에 다니는 아이들의 경우 신앙이 뿌리째 흔들리고 있다.

최근 한국에서는 동성애가 '성소수자 인권'이라는 미명 아래 활개를 치고 있다. 서구에서나 볼 수 있던 '동성애 축제'가 버젓이 서울 시내 한가운데서 벌어지고 있다. 동성 연인들 사이의 애정 표현도 공공장소에서 공공연하다. 심지어 동성애를 거부하는 목소리조차 처벌을 당하는 법령이 거론되는 지경이다. 서구에서는 수백 년이나 걸렸던 동성애 논란이 한국에서는 수년 사이에 급작스럽게 활발해지고 있는 것이다.

오늘날의 공교육 울타리로는 물밀듯한 동성애 풍조 속에서 자녀들을 지키기가 어려운 형편이다. 부모들의 정신교육과 성경적 신앙교육이 아니고서는 사랑하는 자녀들이 무참히 퇴폐문화의 희생물이 되는 것을 막을 수 없는 상황에 이르렀다. 이런 추세라면 가까운 미래에 "너희 아버지는 남자냐, 여자냐?", "저 아이의 엄마는 여자인데 우리 엄마는 왜 남자에요?"라는 질문이 학교에서 오갈 것 같다.

가정 해체도 자녀교육에 악영향을 끼치고 있다. 미국에서는 '주말 자녀'(weekend children)라는 말이 생길 정도로 이

부모가 가는 길로 자녀도 간다

혼한 부모가 많다. 그 자녀들의 사고 속에는 결혼과 이혼에 대한 성경적 개념은 없고, 결혼윤리와 도덕의식 또한 희미해지게 마련이다. 이혼은 어른이라면 누구나 할 수 있는 일반적 사회현상으로 받아들여지고 있다.

교육환경의 변화는 교회와 가정 사이에도 영향을 주고받고 있다. 미국은 기독교 토대 위에 세워진 국가이지만, 1960년대 초에 이미 모든 공립학교에서 성경교육이 사라졌다. 성경적 신앙교육이 공립학교에서 완전히 배제된 채, 공식적으로는 진화론을 교육하고 있다. 교육의 목표 또한 지식교육과 기능교육에 집중돼 있으며, 인본주의를 근간으로 삼고 있다. 과거에는 미국이 기독교 국가였을지 모르지만, 시간이 갈수록 기독교 국가에서 멀어지고 있다.

{ 가족제도의 변화와 주일학교의 퇴색 }

예전에는 적어도 한 가정에 자녀가 네댓 명씩은 있었다. 그러던 것이 언제부턴가 두세 명으로 줄더니, 요즘은 하나만 있는 가정이 상당수다. 이는 통계에서 여실히 드러난다. 2018년 한국에서 태어난 신생아는 32만 명에 불과했다. 출산율은 해마다 줄어들어 급기야 지난해 합계 출산율은 0.96명으로 역대 최저치를 기록했다. 경제협력개발기구(OECD) 국가들 중에서 출산율이 1명 미만인 나라는 한국이 유일했다. 현재처럼 출산율이 저하되는 추세라면 자녀 없는 가정이 자녀가 있는 가정보다 많아지는 것은 시간 문제다.

가족 형태도 변했다. 과거의 가족 형태는 주로 할아버지, 아버지, 자녀 세대가 한데 어울려 사는 대가족이었지만, 요즘엔 조부모와 함께 사는 경우는 드물다. 잘해야 걸어 다닐 만한 거리에 부모와 자녀 세대가 따로 살거나, 같은 아파트에 살아도 집을 달리 한다.

대가족에 형제가 많은 집안은 아이 키우기가 상대적으로 쉬웠다. 어머니가 바쁘면 나이 많은 형제가 아이를 돌봤고, 교육도 할아버지와 할머니가 부모의 짐을 일정 부분 덜어주었다. 자녀가 많았기 때문에 어머니가 해야 할 일은 많았지만, 하루 종일 아이와 씨름하지는 않아도 됐다.

그러나 요즘은 핵가족이 대부분으로 아이를 돌보는 일은 전적으로 부모 두 사람이 전담해야 하는 상황이다. 맞벌이를 하는 부부도 많아 아이 키우기는 더 힘들어졌다. 낮에야 유치원이나 학교가 아이를 맡아주지만, 저녁에는 고스란히 부모가 아이를 책임져야 한다. 부모와 한 시도 떨어지지 않으려는 아이를 돌보는 일은 여간 중노동이 아니다.

교회 주일학교(Sunday School)도 변화를 겪고 있다. 미국 교회 상당수의 주일학교에서 하나님께 제일 먼저, 가장 중요하게 드려야 하는 '예배'가 사라졌다. 대신 어린이들을 그룹으로 모아 성경이야기를 각색해 들려주거나 흥미 위주의 활동을 진행한다. 교회교육에서 필수 요소인 예배와 성경교육이 '재미'(fun)로 대치되고 있는 것이다.

신앙교육에 대한 열정도 약해져가고 있다. 교회는 주일학교교육의 중요성은 알면서도 적극성을 띠지 않는다. 교육의 질을 높이고 교육 여건을 개선하기 위해 힘을 기울이기보다 종래의 교육 방식을 답습하는 형편이다. 주일학교에 투자하는 재정 역시 줄어들어, 아이들이 적다는 이유로 주일학교를 통합하거나 아예 없애기도 한다.

┤ 부모와 교회가 손 놓고 있는 동안 ├

주일학교의 쇠퇴에는 부모들에게도 책임이 있다. 자녀의 신앙교육은 교회와 가정에서 함께 해나가야 하는데, 많은 부모들이 그 역할을 교회에만 떠넘기거나, 혹은 아예 교회의 역할에 관심을 두지 않고 있다. 몇 년 전 조사에 따르면 한국의 기독교인 부모들 가운데 40퍼센트는 시험을 앞두고 있는 자녀가 주일 아침에 교회 대신 학교나 학원에 간다고 할 때 허락하겠다고 답했다. 믿고 싶지 않지만 이것이 현실이다. 신앙교육이 제대로 이뤄지기 위해서는 교회 주일학교와 부모가 함게 확고한 성경적 신앙교육 방향을 세우고, 좋은 결실을 얻기 위해 교육 여건을 개선하고 내실을 기해야 하는데, 현실은 그렇지 못하다.

한국과 미국의 교육 환경이 한순간에 이렇게 변화되지는 않았다. 사람들이 별 신경을 쓰지 않는 사이에 조금씩 변화돼 왔다. 그 변화는 지금도 계속되고 있으며, 교회와 가정이 손 놓고 있으면 상황은 더 악화될 것이다. 주일학교의 쇠퇴는 교회의 약화로 이어지고, 교회의 약화는 다시 주일학교의 쇠퇴로 이어진다. 악순환의 반복이다.

이제라도 교회와 성도의 가정은 예수님이 분부하신 명령을 실천하는 일에 총력을 아끼지 말아야 한다. 악순환의 반복을 끊는, 새로운 출발선이 바로 지금이길 바란다.

여호와를 경외함이 지혜의 근본이라 그의 계명을 지키는 자는 다 훌륭한 지각을 가진 자이니 여호와를 찬양함이 영원히 계속되리로다 _시 111:10

교육이 처음 시작되는 곳에서

교육은 가정에서 처음 시작된다. 갓 태어난 아기는 따뜻한 요람인 엄마의 품에서 눈으로 엄마 얼굴을 보고, 귀로 엄마 음성을 듣고, 손으로 엄마 가슴을 만지며 세상을 느끼고 배우기 시작한다. 아이가 자라면 엄마와 아빠, 가족이 모여 사는 가정공동체가 새로운 교육의 장이 된다. 아이는 사랑을 기반으로 하는 가정 울타리에서 성장하는 가운데 한 인간으로서 품격을 배우고 인성을 갖춰간다.

특히 사물을 보고 느끼고, 듣고 생각하며, 손으로 체험하는 유아기 때의 교육은 한 인간의 초석을 이루는 교육으로서 어느 때보다 중요하다. 이 시기의 아이들은 마음 밭이 오염되지 않고 정신상태 또한 순수해, 모든 것을 있는 그대로 받아들인다. 이 시기의 아이들에게는 무엇을 심어주느냐가 중요하다. 자칫 부모의 작은 실수로 나쁜 기억을 남기거나, 그릇된 가치관을 심어주어선 안 된다.

자녀는 유아기를 지나 십대에 이르기까지 부모의 영향력 아래에 있게 된다. 이 시기에는 유아기와 달리 어느 정도 스스로 생각을 할 수 있게 되므로, 부모의 역할과 책임이 어느 때보다 막중하다. 부모는 자녀가 십대 전후의 시기에 의도적이든 아니든 자기의 가치관을 자녀에게 보여주기 마련이고, 자녀도 그것을 보고 배울 수밖에 없는 탓이다. 그렇기 때문에 부모는 자녀가 아직 어릴 때 자녀교육의 목적과 방향을 바르게 설정해두어야 한다. 자녀교육의 목표와 방향을 정확히 세우지 않으면 교육에 일관성이 없을 뿐더러, 자녀에게 불필요한 혼란을 주게 된다. 교육의 목적은 출세가 아니다. 돈 버는 기술을 배우는 것도 아니다. 올바른 인격과 가치관을 심어주고 존경받는 교양인으로 만드는 것이다. 이것을 아는 부모라면 자신이 먼저 그 목적에 대해 분명한 확신을 가져야 한다.

﹛ 자녀교육의 목표와 유아기 신앙교육 ﹜

2세에서 초등학교에 입학하기 전까지의 유아기는 보고 들은 것을 무조건적으로 받아들이는 때다. 마치 물을 빨아들이는 스펀지 같다. 그래서 교육에서 가장 중요한 시기다. 신앙교육에서도 마찬가지다. 이 시기의 자녀에게 올바른 신앙을 심어주면 평생 신앙의 사람으로 살아가게 된다.

성경에 나오는 모세, 다니엘, 사무엘, 요셉 같은 위대한 인물들은 모두 유아기 때에 신앙교육을 받았다. 그들은 가정에서 성경을 배웠고 하나님의 말씀을 암송했다. 신약 시대에도 마찬가지다. 디모데는 외할머니 로이스와 어머니 유니게로부터 믿음을 전수받았다. 18세기 모라비안 형제단을 이끈 진젠도르프도 할머니에게 신앙교육과 경건훈련을 받았다.

감리교 창설자인 존 웨슬리에게는 어머니 수산나가 있었다. 수산나는 탄광촌에서 가난한 광부들을 돌보는 목사의 아내로서 무려 19명의 자녀를 낳아 키웠다. 그중 존 웨슬리와 그 동생인 찰스 웨슬리는 교회사의 위대한 인물이 되었다.

수산나는 가난한 가정 형편 때문에 자녀들을 집에서 가르쳤는데, 철저하고 엄격한 신앙교육으로 유명했다. 그렇게 많은 자녀들을 먹이고 입히고 가르치면서도 수산나는 하루 1시간 이상 명상과 기도 시간을 지켰고, 매일 일기도 썼다고 한다. 훗날 존 웨슬리는 어머니를 기리며 "나는 어머니가 만든 작품이다. 내 인생의 영원한 스승은 성령님이고, 나를 이렇게 만든 분은 성령님의 지시를 따른 나의 어머니였다"라고 칭송했다. 수산나의 신앙교육과 훈련방법은 널리 알려져 있는데, 몇 가지만 소개한다.

△ 아이들이 말을 시작하면서부터 주기도문을 가르쳐 배우게 했다. 잠자리에 들 때와 일어날 때는 항상 주기도문을 하게 했다. 자라면서 부모들을 위한 기도와 그 밖의 몇 가지 기도를 덧붙여 하게 했다. 아이들이 기억할 수 있을 정도의 짧은 교리와 성경 구절도 배우게 했다.

△ 아이들이 제대로 말을 하거나 걷기 전부터 주일을 다른 날과 구별하도록 가르쳤다. 가정예배를 드릴 때는 조용히 하도록 가르쳤고, 너무 어려 무릎을 꿇거나 말을 하지 못할 때는 몸짓으로 표현해서라도 복을 원하는 기도를 하도록 가르쳤다.

△ 다섯 살부터 글을 읽는 법을 가르쳤는데, 글자를 알기 시작하면 창세기 1장을 가르쳤다. 1절을 철자법에 따라 읽게 가르치고 나면 그것을 반복해 읽어서 조금도 주저 없이 읽을 수 있도록 했다. 그런 다음에야 2절을 가르쳤다. 이런 식으로 10절을 1과로 삼아 매일 공부하게 했다.

△ 아침저녁으로 공부하는 시간과 마치는 시간에 시편을 노래하는 습관을 들였다. 큰 아이부터 말을 할 줄 아는 작은 아이까지, 차례로 그날의 성경을 읽도록 했다.

△ 한 주간에 한 번씩 금식하고, 하루 세 번씩 소리 내어 기도하도록 가르쳤다.

수산나는 이러한 신앙훈련과 함께, 자녀들이 예절바르게 행동하고 바른 인격을 갖도록 가르쳤다. 그녀는 아이들이 제멋대로 말하고 행동하지 못하도록 어려서부터 자기 고집을 꺾어야 한다고 생각했다. 자식이 제멋대로 행동하도록 내버려두는 부모는 마귀의 일을 하는 사람이라고 말했다.

수산나와 그의 자녀들의 가정교육 사례에서 알 수 있듯, 유아기는 신앙심을 심어주고 바른 인격을 가르칠 수 있는 최상의 시기다. 원석이 아름다운 보석이 되기 위해서는 다듬는 사람이 있어야 한다. 수산나는 자신이 먼저 본을 보임으로써 자녀들을 세공했다.

자녀가 보석이 되기를 원하는 부모라면 자녀 앞에서 신앙의 본을 보여주어야 한다. 그리하여 자녀들에게 신앙이 체질화되도록 최선을 다해야 한다. 그것이 자녀를 보석으로 세공하는 일이다.

{ 부모의 사명 }

하나님을 믿는 부모들은 자녀들이 자라는 동안 영적으로 더 깨어 있어야 한다. 부모들이 모르는 사이에 어린 자녀들의 마음속에 잡초와 가라지가 싹이 트게 해선 안 된다. 마음이 굳어져 자갈밭이 되고, 죄악의 오염된 바람이 몰아치게 해서는 안 된다. 그 대신 하나님의 말씀을 읽게 하고 하나님의 말씀에 순종하는 법을 가르쳐서, 사랑하는 자녀가 하나님의 사람으로서 온전케 되도록 부모의 사명을 감당해야 한다.

역사를 살펴보더라도 인류에 모범이 되는 훌륭한 인물들과 세계사에서 귀한 업적과 공적을 남긴 위인들의 뒤에는 수산나와 같은 믿음의 어머니들의 사랑과 기도와 인내가 있었다. 그런 부모들은 자녀의 개성과 숨겨진 자질을 발견해 자녀의 성장을 도왔으며, 적성에 따라 맞춤 교육을 시켰다.

율곡 이이의 어머니인 신사임당이 그랬다. 신사임당은 자신이 먼저 공부하는 모범을 보임으로써 자녀들이 자연스레 책을 가까이 하도록 했다. 그녀는 일곱 자녀를 서당에 보내지 않고 직접 집에서 가르쳤는데, 자녀들을 키우는 동안 손에서 책을 놓지 않았다고 한다. 또한 무조건 한문 경전만 읽게 하지 않고, 자녀들의 재능을 살펴 그것을 마음껏 펼치도록 도왔다. 그림에 능한 딸에게는 그림을 가르쳤고, 거문고에 관심 있는 아들에게는 거문고를 가르쳤다.

{ 교육이 시작되는 곳 }

유교를 대표하는 공자 역시 가정교육을 중시했다. 공자는 부모들을 향해 "자녀들에게 집에서는 효도하는 것을 가르치고,

밖에서는 공경하는 것과 예절바르고 신뢰하는 것과, 모든 사람을 사랑하되 사람다운 사람과 가까이 지내는 것을 가르치라. 이것을 실천하고도 남은 힘이 있거든 글을 가르쳐도 늦지 않다"고 일깨웠다. 옛날 중국에서 아이들에게 가르쳤던 〈삼자경〉(三字經)도 "자녀를 양육하되 가르치지 않는다면 이는 부모의 과실이다. 자식으로 태어나 배우지 않는다면 옳은 일이 아니다. 어릴 때 배우지 않으면 나이가 든 후에 어찌하려고 하는가"라며 자녀교육의 필요성을 강조했다.

우리나라 역시 자녀교육을 중시했다. 예전 어른들은 부모 공경을 잘하고 예절 바르며 책임감 있고 성실한 아이들을 보면 이렇게 칭찬하셨다.

"가정교육을 잘 받은 아이다"

"가훈(家訓)이 있는 집 자녀다"

"뼈대가 있는 집 아이다"

"가도(家道)가 있고 규모(規模)가 있는 집 아이다"

이것은 그 아이에 대한 칭찬이기도 하지만, 사실은 아이를 잘 가르친 부모와 그 집에 대한 칭찬이다. 가정교육을 얼마나 중시했는지 알 수 있는 부분이다.

이렇듯 모든 인류 역사에서 '가정'은 교육의 시작이고, '가정교육'이야말로 교육의 원천적이고 근원적인 뜻을 담고 있다고 할 수 있다. 교육을 처음 시작하는 곳이 가정이고, 누가 가르치거나 지시하지 않아도 부모는 자연히 자녀의 교사가 되며, 자녀는 부모로부터 가르침을 받는 학생이 되기 때문이다. 이것을 아는 부모와 모르는 부모는 자녀를 대하는 태도에서부터 차이가 나기 마련이다. 그러므로 자녀교육은 부모에게 주어진 사명이다. 인류 역사가 그것을 말하고, 더욱이 성경이 그것을 말한다. 이제라도 모든 부모는 자녀교육의 사명을 제대로 인식하기 바란다.

{ 하나님의 명령 }

자녀교육은 하나님을 믿든 안 믿든, 모든 부모에게 주어진 사명이다. 기독교인은 이것보다 앞서 기억해야 할 것이 있다. 자녀교육이 하나님의 명령이라는 사실이다. 성경은 자녀교육을 부모가 책임지라고 가르치고 있다. 창세기 18장 19절에서 하나님은 아브라함에게 이렇게 말씀하셨다.

> 내가 그로 그 자식과 권속에게 명하여 여호와의 도를 지켜 의와 공도를 행하게 하려고 그를 택하였나니 이는 나 여호와가 아브라함에게 대하여 말한 일을 이루려 함이니라 _창 18:19

하나님은 인류 구원의 역사를 시작하시면서, 아버지인 아브라함에게 가정을 올바르게 인도하라는 책임을 주신 것이다. 하나님은 출애굽한 이스라엘 백성에게도 자녀교육을 명령하셨다.

> 6오늘 내가 네게 명하는 이 말씀을 너는 마음에 새기고 7네 자녀에게 부지런히 가르치며 집에 앉았을 때에든지 길을 갈 때에든지 누워 있을 때에든지 일어날 때에든지 이 말씀을 강론할 것이며
>
> _신 6:6,7

하나님이 예비하신 가나안 땅으로 가는 동안 이스라엘의 부모들은 자녀들이 하나님의 계명에 순종하도록 부지런히 가르쳐야 했다. 하나님은 만약 자녀들이 이 계명을 마음에 새기지 못하고 지키지 못하면 그들을 상속에서 끊어버리라고 하실 만큼 엄격하셨다. 지금도 정통 유대인들은 매일 아침과 저녁마다 이 말씀을 암송하며 하나님이 이스라엘 민족을 보존하시는 이유를 곱씹는다고 한다. 시편에서도 자녀의 성숙에 대한 책임은 부모에게 있다고 말하고 있다.

> 2내가 입을 열어 비유로 말하며 예로부터 감추어졌던 것을 드러내려 하니 3이는 우리가 들어서 아는 바요 우리의 조상들이 우리에게 전한 바라 4우리가 이를 그들의 자손에게 숨기지 아니하고 여호와

의 영예와 그의 능력과 그가 행하신 기이한 사적을 후대에 전하리
로다 ··· ⁶이는 그들로 후대 곧 태어날 자손에게 이를 알게 하고 그
들은 일어나 그들의 자손에게 일러서 ⁷그들로 그들의 소망을 하나
님께 두며 하나님께서 행하신 일을 잊지 아니하고 오직 그의 계명
을 지켜서 ⁸그들의 조상들 곧 완고하고 패역하여 그들의 마음이 정
직하지 못하며 그 심령이 하나님께 충성하지 아니하는 세대와 같
이 되지 아니하게 하려 하심이로다 _시 78:2-4, 6-8

잠언 또한 자녀들을 향해 부모의 교육에 귀를 기울이고 따
르라고 가르치고 있다.

내 아들아 네 아비의 훈계를 들으며 네 어미의 법을 떠나지 말라
_잠 1:8

부모가 자녀교육의 주체여야 한다는 가르침은 신약에서도
마찬가지다. 바울은 에베소서 6장 4절에서 아버지들을 향해
"너희 자녀를 노엽게 하지 말고 오직 주의 교훈과 훈계로 양
육하라"고 가르쳤다. 디모데는 어린 시절 그의 어머니와 할
머니에게 신앙을 배웠다.

이 믿음은 먼저 네 외조모 로이스와 네 어머니 유니게 속에 있더니

네 속에도 있는 줄을 확신하노라 _딤후 1:5

[14]그러나 너는 배우고 확신한 일에 거하라 너는 네가 누구에게서 배운 것을 알며 [15]또 어려서부터 성경을 알았나니… _딤후 3:14,15

이처럼 성경은 부모가 자녀교육의 주체라고 분명히 말씀하고 있다. 특별히 하나님은 자녀들을 부지런히 말씀으로 가르치라고 명령하신다. 그러므로 부모는 때를 얻든지 못 얻든지 자녀들을 말씀으로 가르쳐야 하고, 나아가 예수님을 믿는다는 것이 어떤 것인지 삶으로 보여주어야 한다.

{ 부모의 청지기 사명 }

청지기는 주인이 맡긴 것들을 주인의 뜻대로 관리하는 위탁 관리인이다. 성경적 자녀교육에서 반드시 기억해야 할 것 중 하나가, 부모는 하나님께로부터 자녀교육을 위탁받은 청지기라는 사실이다. 이 사실을 아는 것이 무척 중요하다. 기독교인 부모라면 특히 이런 청지기 의식을 잊지 말아야 한다.

청지기는 주인의 소유를 맡아 관리하는 자로서 소유주가 아니므로, 주인(하나님)의 소유물, 곧 자녀를 자기 마음대로 해서는 안 된다. 자녀교육에서도 하나님의 뜻에 민감하게 반응하며, 하나님의 뜻에 따라 양육해야 한다. 자기의 생각과 욕심을 따라 자녀에게 부당한 짐을 지우거나, 자신이 이루지 못한 꿈을 실현하는 대리자로 삼거나, 어떤 이유로든 자녀를 이용해서는 안 된다.

심심찮게 뉴스에서 들리는 청소년 자살의 원인 중 상당 부분은 부모의 과도한 기대와 욕심 때문이라고 한다. 물론 부모로서 자녀에게 기대와 소망을 갖는 것은 자연스럽다. 그것을 위해 기도할 수도 있다. 자녀의 장래를 위해 기도하는 것은 당연한 일이다. 그러나 그것이 단순히 부모의 뜻을 이루기 위한 기도여선 안 된다. 자녀에 대한 하나님의 뜻을 발견하고, 하나님의 기대와 계획이 이뤄지길 바라는 기도여야 한다.

청지기로서 또 하나 잊지 말아야 할 것이 있는데, 그것은 자녀에게 집착하지 말아야 한다는 것이다. 청지기는 원래 주인의 재물을 관리하는 사람이다. 그런데 재물을 관리하다보니 재물에 집착하게 되고, 자칫 재물이 우상이 되기도 한다. 자녀교육도 마찬가지다. 부모가 청지기라는 사실을 잊어버릴 때, 자녀가 우상이 되기 쉽다.

더불어 청지기는 열매를 통해 보상을 얻는 사람이 아니다. 자녀를 제대로 가르쳐 자녀가 귀한 신앙 인격체로 자라는 것은 보람이겠지만, 궁극적으로 청지기는 주인의 상급을 바라는 사람이다. 하나님이 부여하신 청지기 사명을 기억하고 자녀를 양육하면, 먼 훗날 하나님께서 반드시 상급을 주실 것이라는 믿음을 가져야 한다.

{ 마땅히 행할 길을 가르치라 }

신앙 연수와 교회의 직분이 신앙을 보증하지 않는다. 마찬가지로 부모가 교회에서 존경받는 자리에 있고 신앙이 좋다고 해서 그 자녀들 또한 신앙이 좋을 것이라고 단정할 수 없다. 굳이 주변을 돌아보지 않아도 성경에 그렇지 못한 사례가 수없이 나온다.

사무엘상에 등장하는 엘리는 제사장이었다. 백성을 대신해 하나님께 제사 드리는 사람이니 자녀들 또한 신앙이 좋을 것 같지만, 사실은 정반대였다. 엘리의 두 아들은 불량자였다. 백성들이 제사하기 위해 가져온 고기들을 강제로 빼앗고, 회막문 앞에서 수종드는 여인들과 동침했다. 성경은 그 아들들을 향해 '여호와를 알지 못한다'라고 지적했다. 그들은 머리로는 여호와를 알았을지 몰라도, 경험으로는 여호와를 알지 못했다.

아들들의 잘못은 아버지 엘리의 책임이기도 했다. 하나님은 사무엘상 3장 13절에서 "내가 그의 집을 영원토록 심판하겠다고 그에게 말한 것은 그가 아는 죄악 때문이니 이는 그가 자기의 아들들이 저주를 자청하되 금하지 아니하였음이니라"라며 엘리에게 책임을 물으셨다.

특히 요즘에는 자녀를 많이 낳지 않는다. 그렇다보니 자녀들이 어떻게 행동하든 '오냐오냐' 하며 다 받아주는 부모들이 많다. 자녀를 사랑하는 것은 마땅하지만, 부모라면 자녀의 잘못을 일깨워주고 바른 길로 인도할 사명이 있다. 그러자면 간혹 엄하게 훈계해야 할 때도 있다. 그렇게 하는 것이 설령 가슴 아파도, 그것이 자녀를 살리는 길이다.

다윗은 여호와의 마음에 합한 사람이라는 칭찬을 받을 만큼 하나님의 말씀에 순종하는 귀한 사람이었다. 그러나 그 역시 자녀양육만큼은 성공하지 못했다. 그는 무엇보다 자녀들을 제대로 훈계하지 못했다. 열왕기상 1장 6절을 보면 아버지 다윗은 둘째 아들 아도니아에게 "네가 어찌하여 그리 하였느냐고 하는 말로 한 번도 그를 섭섭하게 한 일"이 없었다. 아도니아가 다윗의 말을 잘 듣는 훌륭한 아들인 것 같지만, 앞뒤 상황을 살펴보면 다윗이 아도니아에게 제대로 된 훈계를 하지 않았다는 것을 알 수 있다. 꾸중 한 번 듣지 않고 자라다보니 교만하게 되었고, 결국은 아버지가 늙어 기력이 쇠하자 자신을 스스로 높여 왕이 되겠다고 나섰다. 마침내 동생 솔로몬에게 생명을 간구하는 비참한 최후를 맞이한다.

엘리와 다윗 가문에서 또 하나 얻을 수 있는 지혜는, 모든

부모가 가는 길로 자녀도 간다

일에 적절한 때가 있는 것처럼 배움에도 적정한 시기가 있다는 사실이다. 어린 자녀들은 부모의 가르침과 권면에 잘 따르지만, 머리가 굵어지고 장성한 자녀들은 그렇지 않다. 어린 아이들은 모든 면에서 미숙하지만, 대신 잘못된 가치관이나 행동을 쉽게 고치고 바로잡는다. 반면 장성한 사람들은 잘못을 고치기가 여간 어렵지 않다. 오랫동안 그 잘못된 습관이 몸에 뱄기 때문이다.

엘리 제사장은 아들들이 잘못을 저지르는 것을 알고 "그들에게 이르되 너희가 어찌하여 이런 일을 하느냐 내가 너희의 악행을 이 모든 백성에게서 듣노라 내 아들들아 그리하지 말라 내게 들리는 소문이 좋지 아니하니라 너희가 여호와의 백성으로 범죄하게 하는도다"(삼상 2:23,24)라고 아들들을 훈계했지만, 이미 장성한 아들들은 아버지의 말을 듣지 않았다. 결국 하나님의 징계를 받아 한 날 한 시에 죽고 만다.

{ 자녀양육의 모범 }

반면, 성경에는 자녀를 하나님의 말씀에 따라 훌륭히 키운 부모들이 등장한다. 모세의 어머니 요게벳, 사무엘의 어머니 한나, 디모데의 어머니 유니게 등이다.

첫째, 요게벳은 믿음의 어머니였다.

모세는 태어나면서부터 죽을 처지였다. 그러나 어머니는 바로의 서슬 퍼런 칼날 앞에서도 자녀를 믿음의 눈으로 바라보고, 자녀에 대한 소망을 포기하지 않았다. 요게벳은 히브리 여인이 낳은 아들은 모두 죽이라는 바로의 명령에도 불구하고, 모세를 낳은 후 석 달 동안 그를 숨겼다. 히브리서는 그런 요게벳을 향해 "믿음으로 모세가 났을 때에 그 부모가 아름다운 아이임을 보고 석 달 동안 숨겨 왕의 명령을 무서워하지 아니하였으며"(히 11:23)라며 칭찬했다.

　요게벳은 또한 지혜로운 어머니였다. 요게벳은 모세를 더 이상 숨겨둘 수 없자 지혜를 발휘한다. 갈대상자를 가져다 역청과 나무 진을 칠하고 모세를 거기에 담아 나일강가 갈대 사이에 둔다. 그 후 딸로 하여금 갈대상자가 어떻게 되는지 지켜보도록 했다. 그 결과 모세는 바로의 딸에게 건짐을 받아 그녀의 양자가 되고, 이후 히브리 민족을 출애굽시키는 지도자로 자란다.

둘째, 한나는 기도의 어머니였다.

한나는 여호와 하나님 앞에서 통곡하며 기도했다. 자녀를 낳지 못하는 괴로움을 그대로 하나님께 아뢰고, 하나님께서 마음의 소원을 들어주실 것을 간구했던 것이다. 결국 하나님은

부모가 가는 길로 자녀도 간다

한나의 기도에 응답하시고 사무엘을 선물로 주셨다. 사무엘은 젖 뗄 무렵까지 한나의 품에서 한나의 기도를 듣고 자랐다. 한나가 어떻게 기도했는지는 성경에 나와 있지 않지만, 사무엘이 위대한 선지가가 된 배경에는 한나의 간절한 기도가 있었음을 짐작할 수 있다.

또한 한나는 감사와 찬송의 어머니였다. 한나는 사무엘을 낳기 전, 만약 하나님께서 아들을 주시면 그의 평생을 하나님께 드리겠다고 한 약속을 지켰다. 그뿐 아니라 자신에게 은혜를 베푸신 하나님께 온 마음으로 감사와 찬송을 올려드렸다.

[1]한나가 기도하여 이르되 내 마음이 여호와로 말미암아 즐거워하며 내 뿔이 여호와로 말미암아 높아졌으며 내 입이 내 원수들을 향하여 크게 열렸으니 이는 내가 주의 구원으로 말미암아 기뻐함이니이다 [2]여호와와 같이 거룩하신 이가 없으시니 이는 주 밖에 다른 이가 없고 우리 하나님 같은 반석도 없으심이니이다 [3]심히 교만한 말을 다시 하지 말 것이며 오만한 말을 너희의 입에서 내지 말지어다 여호와는 지식의 하나님이시라 행동을 달아 보시느니라 [4]용사의 활은 꺾이고 넘어진 자는 힘으로 띠를 띠도다 [5]풍족하던 자들은 양식을 위하여 품을 팔고 주리던 자들은 다시 주리지 아니하도다 전에 임신하지 못하던 자는 일곱을 낳았고 많은 자녀를 둔 자는 쇠약하도다 [6]여호와는 죽이기도 하시고 살리기도 하시며 스올에 내

리게도 하시고 거기에서 올리기도 하시는도다 7여호와는 가난하게도 하시고 부하게도 하시며 낮추기도 하시고 높이기도 하시는도다 8가난한 자를 진토에서 일으키시며 빈궁한 자를 거름더미에서 올리사 귀족들과 함께 앉게 하시며 영광의 자리를 차지하게 하시는도다 땅의 기둥들은 여호와의 것이라 여호와께서 세계를 그것들 위에 세우셨도다 9그가 그의 거룩한 자들의 발을 지키실 것이요 악인들을 흑암 중에서 잠잠하게 하시리니 힘으로는 이길 사람이 없음이로다 10여호와를 대적하는 자는 산산이 깨어질 것이라 하늘에서 우레로 그들을 치시리로다 여호와께서 땅 끝까지 심판을 내리시고 자기 왕에게 힘을 주시며 자기의 기름 부음을 받은 자의 뿔을 높이시리로다 하니라 _삼상 2:1-10

하나님을 의지하고 간절히 기도하는 사람은 많지만, 하나님의 은혜에 감사와 찬송을 표현하는 사람은 의외로 적다. 한나는 기도의 어머니이자, 감사와 찬송의 어머니였다. 위대한 선지자 사무엘은 그 어머니를 보고 배웠다.

셋째, 유니게는 거짓이 없는 믿음의 소유자였다.
사도 바울은 디모데후서 1장 5절에서 제자 디모데에게 "네 속에 거짓이 없는 믿음이 있음을 생각"한다고 말하고, 그 믿음은 먼저 디모데의 외조모 로이스와 어머니 유니게 속에 있던 것이라고 말했다. 거짓이 없는 믿음은 아무나 가질 수 있는 것이 아니다. 유니게는 그 믿음의 소유자였고, 그 어머니에게서 자란 덕분에 아들 디모데 역시 거짓이 없는 믿음을 소유할 수 있었다. 유니게는 또한 아들 디모데에게 어려서부터 하나님의 말씀을 가르친 어머니였다.

> 또 어려서부터 성경을 알았나니 성경은 능히 너로 하여금 그리스도 예수 안에 있는 믿음으로 말미암아 구원에 이르는 지혜가 있게 하느니라 _딤후 3:15

바울은 디모데가 어머니 디모데로부터 성경을 배운 것을 알았고, 그 가르침이 오늘의 디모데가 되게 했다고 말했다. 자녀는 어떤 식으로든 부모로부터 배운다. 다만 그 배우는 것이 무엇인지가 중요하다. 구원에 이르는 지혜가 담긴 성경이야말로 부모가 자녀에게 가르쳐야 할 보물이다. 유니게는 그 보물을 알았고, 보물은 아들 디모데에게 전해졌다.

{ 부모의 자기 반성 }

옛말에 콩을 심으면 콩이 나고, 팥을 심으면 팥이 나온다고 했다. 교육도 자연의 원리와 비슷하다. 자녀들이 갖고 있는 교육이라는 밭 위에 사람을 심으면 사람이 나고, 인격을 심으면 인격의 새싹이 돋아나고, 사랑을 심으면 사랑의 꽃이 핀다. 자신의 자녀를 참으로 사랑하고, 자녀가 장차 고귀한 인격을 갖춘 성숙한 사람으로서 행복하게 살아가기를 원하는 부모라면, 지금 자신의 자녀에게 어떤 씨를 심고 있는지 돌아보아야 한다.

자녀교육의 기회는 두 번 주어지는 것이 아니다. 한번 엎질러진 물을 주워 담을 수 없듯, 자녀교육에 실패하고 나면 아무리 한숨을 지어도 소용이 없다. 잘못 심고 바르게 교육하지 못해 돌이킬 수 없는 후회를 하고 싶지 않다면, 지금 제대로 교육해야 한다. 세상이 말하는 지식교육만으로는 '참 사람'이 될 수 없고, 돈을 주고 산 위탁교육으로 '인격 형성'을 이룰 수 없다. 교육을 남에게 모두 맡기면 자녀가 바른 인간성과 신앙 인격을 갖추기 어렵다.

이 장에서 살펴본 대로 자녀교육은 부모의 사명이고, 하나님의 명령이다. 그럼에도 우리는 이제껏 그 사명을 제대로 알지 못했고, 실천하지 못했고, 하나님의 명령을 남의 일인 양 가볍게 취급해버렸다.

부모가 사랑과 정성과 인내로 하나님의 말씀을 가르치고 올바른 가치관을 교육할 때, 비로소 자녀들은 사람다운 사람이 되고 하나님이 원하시는 사람이 된다. 자녀는 부모가 자연으로부터 받은 소유물이 아니다. 하나님께서 부모에게 맡기신 인격체이다. 부모는 그 인격체가 하나님의 목적대로 살아갈 수 있도록 교육하는 사명 앞에서 감사로, 기쁨으로 순종해야 한다.

네 모든 자녀는 여호와의 교훈을 받을 것이니 네 자녀에게는 큰 평안이 있을 것이며 _사 54:13

04

자녀교육의 목표는 무엇인가?

창세기에는 하나님께서 아브라함을 택하신 이유가 나온다.

> 내가 그로 그 자식과 권속에게 명하여 여호와의 도를 지켜 의와 공
> 도를 행하게 하려고 그를 택하였나니 이는 나 여호와가 아브라함
> 에게 대하여 말한 일을 이루려 함이니라 _창 18:19

하나님은 아브라함으로 하여금 그 자손에게 하나님의 도
를 가르치라고 아브라함을 택하셨다. 하나님은 또한 이 말씀
에서 아브라함에게 자녀교육의 목표도 말씀하셨다. 아브라
함의 자녀들이 부귀영화를 누리는 것이 아니라, 그들이 하나
님의 의(義)와 공도(公道)를 행하도록 하려는 것이었다.

자녀교육에 앞서 부모는 한 가지 근본적인 질문을 스스로에게 던져야 한다. 그것은 '자녀를 키우고 가르치는 목표가 무엇인가?' 하는 것이다. 많은 부모들이 이 부분을 간과하고 있다. 그냥 다른 사람들도 자녀를 교육하니까, 나라에서 의무적으로 하라고 하니까 아무 생각 없이 자녀를 교육하는 경우가 사실 적지 않다.

세상의 모든 일과 마찬가지로 교육도 목표를 세워야 실수가 없다. 자녀교육은 실수가 허용될 만큼 시간이 많은 것도 아니다. 그런데 사람마다 자녀교육의 목표가 다양하다. 자녀가 세상 어느 누구보다 명예를 얻기를 바라는 부모가 있고, 누구보다 재물을 많이 갖기를 바라는 부모도 있다. 지식에서 자녀가 가장 앞서기를 바라는 부모도 있다. 그래서 단순히 자녀가 행복한 삶을 영위하는 데 교육이 필요하다고 생각할 수도 있다.

{ 기독교인의 자녀교육 목표 }

그렇다면 기독교를 믿는 부모들은 자녀교육에 대해 어떤 목표를 가지고 있어야 할까? 이 역시 다양하지만, 대체로 기독교인 부모라면 자녀교육에서 다음과 같은 몇 가지 목표를 세울 수 있을 것이다.

△ (나의 자녀가) 마음에 참 행복의 씨를 간직하기를 바란다.

△ 바른 가치관을 갖고, 심는 대로 거두기를 바라는 정직한 태도를 갖기를 바란다.

△ 세상 속에서 사랑과 신뢰를 주는 인격자가 되기를 바란다.

△ 교회의 반석이 되고 진리의 등불이 되어 세상을 밝히기를 바란다.

△ 예수님의 제자가 되어, 사회와 나라를 바로 세우는 지도자의 사명을 감당하길 바란다.

이외에도 기독교인 부모들은 자녀교육을 통해 여러 가지 것들을 소망하고 목표로 할 것이다. 다시 강조하지만, 자녀를 제대로 교육하기 위해서는 자녀교육의 목표를 바로 세워야 한다. 그래야 시간과 재정과 정력을 낭비하지 않는다. 이 질문을 외면하고 정직한 답을 하지 않는다면, 자녀교육은 목적지 없이 파도에 떠다니는 배와 같을 것이다.

{ 하나님의 사람 만들기 }

하나님을 믿는 가정이라면 목표 선정과 함께 중요한 것이 하나 더 있다. 그 목표가 하나님께서 갖고 계신 목적과 부합하는지를 살피는 것이다.

하나님은 세상 모든 피조물을 주관하신다. 특별히 자신의 형상대로 지으신 인간에게는 그 각자를 향한 목적이 있다. 이 목적은 부인할 수 없고 부인되어서도 안 된다. 자녀를 향하신 하나님의 목적과 부모의 교육 목표가 다르다는 것은, 다른 말로 하면 자녀가 하나님의 사람이라는 사실을 부인하는 셈이다. 결론적으로 말하면 기독교인 가정의 자녀교육 목표는 자녀를 하나님의 사람으로 만드는 것이어야 한다.

하나님은 자녀들을 하나님의 사람으로 만들기 위한 중요한 방법들을 친히 성경을 통해, 그것도 반복해서 말씀하시고 있다. 부모들은 믿음으로 그 방법들을 자녀들에게 가르치면 된다.

첫째, 예배를 통해 여호와 하나님을 경배하도록 가르쳐야 한다. 웨스터민스터 소요리문답에 나오듯, 사람의 제일 되는 목적은 하나님을 영화롭게 하고 영원토록 그분을 즐거워하는 것이다. 예배는 하나님을 영화롭게 하고 그분을 즐거워하는 가장 쉽고도 중요한 일이다.

둘째, 기도를 통해 하나님과의 관계를 바로 하도록 가르쳐야 한다. 기도로 하나님과 교통하고, 크고 작은 모든 일을 하나님께 아뢰도록 가르쳐야 한다. 항상 기도하는 습관을 갖게 하고, 기도로 모든 일에 하나님의 인도를 받도록 가르쳐야 한다.

셋째, 성경의 교훈과 예수님의 정신이 무엇인지 알게 해야 한다.
성경을 가르쳐서 성경을 통해 하나님의 뜻과 방법을 알게 하고 세상의 욕심과 죄악을 분별하도록 하며, 그리스도의 정신이 삶의 표지가 되도록 가르쳐야 한다.

넷째, 찬양으로 하나님께 영광을 돌리도록 찬양을 가르쳐야 한다.
찬양을 통해 은혜와 기쁨과 평화를 누리며, 성령이 주시는 마음의 힘과 용기를 얻도록 가르쳐야 한다.

다섯째, 예수 그리스도를 바라보도록 가르쳐야 한다.
일생토록 우리를 온전케 하시는 예수를 깊이 생각하며, 예수를 본받는 삶을 살도록 가르쳐야 한다.

여섯째, 일상생활에서 하나님 말씀을 지키며 살도록 가르쳐야 한다.
죄악의 바람이 불고 유혹의 비가 내리고 시련의 창수가 밀려와도 흔들리지 않고, 믿음의 반석 위에 든든히 서 있도록 가르쳐야 한다.

성경이 가르치는 이 방법들을 부모들이 믿음으로 가르치

면 자녀들은 바로 서게 될 것이다. 죄악 된 세상 속에서도 선한 것과 악한 것을 분별할 것이다. 진주를 돼지에게 던지는 우(愚)를 범하지 않게 될 것이다.

이 길이 물론 쉽지는 않다. 성경의 가르침을 실천할 때, 때로는 세상으로부터 어리석다고 손가락질을 받고 같은 기독교인으로부터 유별나다고 질시를 받을지도 모른다. 그러나 믿음으로 그 길을 걸어가길 바란다. 오르기에 불가능해 보이는 험준한 태산일지라도, 시대에 역행하는 고통과 절망이 앞을 가로막는다고 할지라도, 자녀를 위해 기도하고 정성을 쏟으며 사랑과 인내로 한 발 한 발 정진하길 바란다. 예수 그리스도께서 그 길에 동행하시고, 인도하실 것이다. 그리고 마침내 부모의 믿음과 순종을 따라 자녀들이 신앙의 사표(師表)로 세상에 우뚝 설 때, 그 부모는 맡겨진 일에 충성하였다고 칭찬을 받고 주님의 즐거움에 초청받을 것이다.

{ 자녀보다 하나님을 먼저 사랑하라 }

사람에게는 우선순위를 바로 세우는 일이 중요하다. 돈을 우선순위에 두는 사람은 평생 돈을 쫓아 살고, 권력을 쫓는 사람은 평생 권력의 노예가 된다. 부자 치고 돈 벌이에 관심이 없는 사람이 없는 것도 그 때문이다. 이뿐 아니라 사람들은 지식, 학문, 명예 등을 우선순위에 두고 살아간다. 자신과 생각이 같지 않은 사람들은 어리석게만 보인다. 그러므로 신앙교육에서 간과하지 말아야 할 것은 우선순위를 정하는 것이다. 성경에서는 인간이 추구해야 할 우선순위에 대해 이렇게 말하고 있다.

> 37예수께서 이르시되 네 마음을 다하고 목숨을 다하고 뜻을 다하여 주 너의 하나님을 사랑하라 하셨으니 38이것이 크고 첫째 되는 계명이요 39둘째도 그와 같으니 네 이웃을 네 자신 같이 사랑하라 하셨으니 40이 두 계명이 온 율법과 선지자의 강령이니라
>
> _마 22:37-40

> 그런즉 너희는 먼저 그의 나라와 그의 의를 구하라 그리하면 이 모든 것을 너희에게 더하시리라 _마 6:33

신앙교육은 자신의 자녀가 최우선적으로 하나님을 사랑하게 하는 일이다. 그것이 성경의 명령이고, 성경에서 말하는 성공의 원리다. 그러기 위해서는 부모가 먼저 하나님을 뜨겁게 사랑해야 한다. 하나님을 먼저 사랑하는 본을 자녀들에게 보여야 한다. 말로 교훈하기 전에 부모가 먼저 본을 보여야 하는 것이다. 본을 보이는 교육이 최선의 교육 방법이기 때문

이다. 예수님 역시 "내가 너희를 사랑한 것 같이 너희도 서로 사랑하라"(요 13:34)고 하셨다.

아침에 일어나자마자 하나님께 기도하고, 주일을 거룩하게 지키고, 이웃에게 사랑과 구제를 실천하고, 병자들을 돌보고, 가정예배를 드리고, 전도하는 일에 힘쓰는 모습을 자녀들에게 보여야 한다. 진심으로 하나님을 사랑하고, 먹든지 마시든지 무엇을 하든지 하나님께 영광을 돌리는 모습을 보여줄 때, 자녀들은 하나님을 최우선적으로 사랑하는 것이 무엇인지 배우고, 그 배운 것을 자신의 삶에서 실천한다.

[19]그러므로 너희는 가서 모든 민족을 제자로 삼아 아버지와 아들과 성령의 이름으로 세례를 베풀고 [20]내가 너희에게 분부한 모든 것을 가르쳐 지키게 하라 볼지어다 내가 세상 끝날까지 너희와 항상 함께 있으리라 하시니라 _마 28:19,20

05

자녀교육의 장벽 뛰어넘기

50-60여 년 전으로 거슬러 올라가보자. 당시 우리나라는 지독히 가난했다. 보릿고개를 견디느라 너나없이 배고팠다. 그 가난을 벗어나기 위해 국민들은 온갖 몸부림을 다했다. 그 결과 지금 우리나라는 단군 이래, 아니 반만년 역사에서 가장 풍요롭게 살고 있다. 국민들은 너무 잘 먹고 많이 먹어 이제는 오히려 덜 먹으려 하고, 맛있는 것만 골라 먹는 호사를 누리고 있다.

가난했던 시절을 지낸 적이 없는 젊은이들은 풍요를 누리는 단계를 넘어 풍요에 눈이 멀게 된 지경이다. 가치와 효용을 따지기보다 당장 눈에 좋아 보이는 화려한 것을 쫓고 있다. 인생의 참 가치와 보람된 열매, 영원한 행복에는 별 관심이 없다. 물질만능에 혈안이 돼 본능적 욕구를 충족시키는 데 급급하다. 남보다 더 가지고 더 높아지는 것이 성공의 바로미터가 되어 그것을 지상목표로 삼고 있다.

그런 가운데 우리의 교육 현실은 갈수록 황폐해지고 있다. 돈이 없어 학교를 못 짓는 것도 아니고, 가르칠 교사가 모자란 것도 아니고, 교과서와 책을 못 사는 것도 아닌데, 곳곳에서 '참 교육'이 상실됐다고 아우성이다.

비단 교육 현실의 문제만이 아니다. 정신세계는 또 어떠한가? 인간관계에서 마땅히 갖춰야 할 교양, 질서, 예의, 배려는 어디로 갔는가? 과연 돈이 없어서 교육을 못 한 것인가?

거짓은 왜 이렇게도 창궐하는가? 사람들의 사고를 미혹시키는 온갖 거짓이 요동치고, 죄악이 지각(地殼)을 출렁거리게 하고, 파멸된 윤리도덕이 파도처럼 밀려와도 그것을 헤아릴 수 있는 분별력조차 상실됐다. 정치인들과 사회 지도층이 이 같은 문제들을 진단하기는 하지만, 말만 청산유수다. 말마다 사회 정의와 사랑이 넘치지만 실제로는 말의 범람뿐이다. 말 속에 허(虛)만 있고 실(實)이 없다. 예수님이 책망하신 열매 없는 무화과나무와 다름 아니다.

기독교인이라고, 교회라고 예외는 아니다. 부끄러운 일이지만, 참 사람, 신앙적 인격 양성을 위한 교육은 뒷전으로 미루고 세상을 쫓았다. 세상 사람들과 다름없이 '나'와 '내 것'

에 혈안이 되고, 자기 유익을 구하는 데 열중했다. 교회는 다니지만 하나님께로부터 벌 받는 일을 하는 데 열심을 더했다.

{ 직면한 장벽들 }

우리는 그동안 돈은 벌었지만, 돈으로 살 수 없는 것들은 잃어버렸다. 교육은 백년대계(百年大計)라 했는데, 우리는 일제 식민지를 벗어나면서부터 의식주를 위해서는 열심히 노력했지만 후세를 위한 교육의 백년대계를 세우지 못했다. 바른 교육의 길도 닦아놓지 못했다. 대학입시 제도만 해도 해가 멀다하고 바뀌기 일쑤였다.

문제는 그 같은 과거의 실수와 오늘의 잘못을 앞으로 반복하지 않을 자신이 있는가이다. 특별히 이 질문은 기독교인에게 더욱 막중한 사명으로 다가온다. 예수님이 우리를 세상의 소금이자 빛으로 부르셨기 때문이다. 기독교인이라도 바로 섰으면 오늘의 불안한 현실은 없지 않았을까 하는 자책과 후회가 앞선다.

우리는 성경적 자녀교육을 통해 과거와 오늘의 잘못을 반복하지 않아야 한다. 우리의 자녀들을 세상의 소금과 빛으로 빚어가야 한다. 그러기 위해 우리는 먼저 성경적 자녀교육을 어렵게 하는, 기독교인이 직면하고 있는 장벽들을 직시해야 한다. 그 장벽들이 무엇인가?

첫째, 많은 기독교인 부모들이 성경교육을 학교 성적과 자녀들의 미래 진로와 무관한 것으로 생각한다.

성경교육을 자녀의 미래의 성공과 행복한 생활, 올바른 인격과 가치관을 형성하는 데 전혀 관계없는 것으로 생각하는 것이다. 성경교육이 자녀의 성장시기와 연령에 맞춰 실시돼야 한다는 인식 또한 없다. 많은 기독교인이 소위 '신앙 따로 생활 따로'로 사는 것처럼, 성경교육도 자녀교육과 별개라고 인식하고 있다.

둘째, 부모와 자녀가 한 자리에 모여 대화하기가 어렵다.

부모는 부모대로, 자녀는 자녀대로 바쁘다. 서로 다른 생활 패턴 때문에 한 자리에 모이기 어려운 상황에서, 함께 가정 예배를 드리고 성경공부를 한다는 것은 어지간한 각오와 확신 없이는 어려운 것이 현실이다. 또 많은 경우 부모와 자녀가 서로 마음을 열고 자유롭게 생각을 나눌만한 관계 형성이 안 돼 있다. 우리나라 특유의 가부장적 분위기와 지나친 장유유서 예절의식이 은연중에 잠재해 있어 관계 형성을 더욱 어렵게 한다.

셋째, 부모들이 가정에서 성경을 가르칠 준비가 안 돼 있다.

자녀에게 성경에 나온 하나님의 말씀을 가르치고 하나님의 뜻을 설명하고 자녀들과 함께 토의를 할 수 있으면 좋은데, 그렇게 할 성경 지식이 부모에게 부족하다. 따라서 부모로서 만이 아니라 교사의 입장에서도 아이들을 가르칠 수 있도록, 최소한의 성경 지식을 공부하고 훈련받을 마음을 가지는 것도 해결해야 할 선행과제다.

넷째, 많은 부모들이 자녀들을 하나님 앞에 내려놓지 못하고 있다.

자녀를 자기 손아귀 안에 두려 한다. 하나님께서 맡기신 자녀를 돌본다는 청지기 의식이 부족하기 때문이다. 부모는 자신의 만족을 위해 자녀를 조종하거나 구속해서는 안 된다. 대신 자녀의 앞날을 하나님 앞에 온전히 의탁해야 한다. 그것이 자녀를 내려놓는다는 말의 의미이다. 자녀를 하나님 앞에서 내려놓을 때, 부모는 자녀를 양육하는 참 즐거움을 알고 일희일비하지 않게 되며, 자녀에게도 긍정적인 결과를 가져온다.

다섯째, 많은 교회의 주일학교에서 교사가 절대적으로 부족하다.

훈련된 교사가 부족하고 교사를 훈련시킬 양성기관도 없다. 교회마다 자체적으로 교사를 양성할 여력이 안 될 경우 지역 교회들이 연합할 수도 있지만, 많은 교회들이 이마저 시행하지 못하고 있다. 많은 교회들은 이렇다 할 훈련도 없이 교사를 배출하기에 급급하고, 이런 식으로 교사 부족 문제를 해결하다보니 자연히 교사의 질적 문제가 대두된다. 교사 부족 문제는 임기응변으로 해결되는 것 같지만, 얼마나 내실 있는 교육이 이뤄질지는 의문이다. 전문적인 훈련을 받은 교사가 부족한 것은 어제오늘의 문제가 아니다. 더 심각한 문제는 교회교육 전반에 영향을 끼친다는 점이다.

△ (주일학교에 흥미를 가지지 못한 청소년들은) 상급학교에 진학한 후에는 교회를 떠난다. 주일학교에서 올바른 교육을 받지 못한 청소년이라면 인본주의가 근간이 된 일반 교육 현장에서는 어린 시절에 조금씩 쌓아왔던 신앙의 기초마저 쉽게 흔들린다.

△ 말씀의 뿌리가 없어 세상유혹에 쉽게 휩쓸리고 만다. 신앙적 자세와 선악의 분별력이 부족해, 죄의 길을 전전할 위험성이 높아진다.

△ 가치관이 흔들린다. 올바른 성경적 가치관은 제대로 준비된 주일학교 교사에 의해 전해진다. 주일학교 교사에게도 교훈을 받지 못한 아이들은 예수 그리스도의 정신과 신앙의 확신이 미약하기 때문에 삶의 목표, 성경적 가치관, 인생의 참된 의미를 찾지 못하고 정신적 방황에 쉽게 빠져든다.

여섯째, 주일학교의 교육의 양 또한 절대적으로 부족하다.

아이들이 교회에 있는 시간은 일주일에 고작 1시간 내외이다. 1년이라고 해봐야 52시간이다. 1년의 8,760시간 중에서 0.6퍼센트 밖에 안 된다. 계절에 따라 성경학교와 수련회가 있지만 큰 차이는 없다. 반대로 아이들은 일반 교육에는 몸을 혹사하리만큼 시간을 사용한다. 학교교육에는 하루 최소 4,5시간, 최대 10시간 이상 일주일에 5,6일을 투자하고, 방과 후에도 학교 또는 사설학원에서 밤늦게까지 교육을 받는다. 이런 상황에서 주일학교 교사들이 아이들에게 영적인 영향력을 끼치기는 쉽지 않다.

일곱째, 자녀들의 신앙교육과 관련한 일련의 문제들에 대해 부모나 교회 지도자들이 개선하려는 의지가 부족하다.

현재의 부족한 교회교육 상황이 방치되어도, 부모와 교회 지도자들은 현 상황을 답습하는 것에 만족하고 있다. 정말 우리 자녀들이 굳건한 신앙과 올바른 가치관을 갖고 세상에서 성실하게 살아가기를 원한다면, 현재의 열악한 신앙교육의 현실을 타개하려는 의지와 실천이 필요하다.

{ 인간 본성을 기억하라 }

자녀를 양육하고 교육하는 데서 부모가 간과하기 쉬운 것 중 하나는 내 자녀에게도 다른 인간들과 마찬가지로 악한 본성, 즉 '죄성'이 있다는 점이다.

자녀를 낳아 키운 부모라면 가끔씩 자녀 속에 내재된 죄성에 놀랄 때가 있다. 금방 드러날 잘못을 모면하기 위해 천연덕스럽게 거짓말을 한다든지, 몰래 다른 아이에게 해코지를 할 때가 그런 경우다. 그런 죄성은 누가 가르쳐준 것이 아니라 태어날 때부터 잠재된 것이다.

하나님은 인간을 만드실 때 하나님의 형상대로 창조하셨다. 그러나 인간은 하나님의 명령에 불순종했고, 결국 죄가 사람 안에 들어오게 됐다. 그 결과 인간은 하나님의 선한 성품과 죄성 사이에서 늘 갈등하고 있다.

자녀에게 선한 성품과 죄성이 함께 있다는 것을 아는 것은 자녀를 교육하는 일에서 매우 중요하다. 부모는 자녀에게 죄성이 있다고 해서 무조건 자녀의 욕구를 억눌러서도 안 되지만, 선한 성품이 있다고 잘못을 눈감아주거나 두둔해서도 안된다.

더불어 기억해야 할 것은, 자녀를 양육하는 부모 역시 죄성이 있다는 점이다. 부모 역시 완전하지 못하다는 것을 깨닫는 것은 부모 자신을 겸손하게 만든다. 겸손한 부모는 자녀양육을 바로 할 수 있도록 하나님께 의지하고 지혜를 구한다. 거기에 소망이 있기 때문이다.

{ 학업 문제 }

대다수 부모들이 자녀를 키우는 동안 가장 관심을 쏟는 것은 자녀의 학업 문제다. 자녀가 수업에 집중하고 있는지, 시험 준비는 잘하고 있는지, 학원은 어디를 택해야 하는지, 선생님은 열정적으로 가르치고 있는지 등 학업과 관련된 모든 것에 관심을 쏟는다. 부모가 자녀의 학업에 신경을 쓰는 이유는 학업이 곧 성적과 연결되기 때문이고, 더 솔직히 말하면 자기 자녀가 다른 아이들보다 좋은 성적을 받으면 좋겠다는 욕심 때문이다.

학업에 대한 관심은 기독교인 부모라고 예외가 아니다. 이왕이면 자기 자녀가 학업을 잘 감당하고 성적이 좋길 바라는 것은 자연스러운 마음이다. 문제는 학업에 대한 관심이 자연스레 성적 향상의 욕심으로 이어지고, 그것이 기독교인 부모에게 양심의 가책으로 이어진다는 점이다.

가뜩이나 마음에 부담이 있는 상황에서, 그것을 지적하는 설교라도 들으면 마음은 더 괴롭다. 어떤 설교자는 기독교인 부모가 자녀의 학업에 신경을 쓰는 것이 마치 믿음 없는 일인

부모가 가는 길로 자녀도 간다

양 정죄하기도 한다.

기독교인 부모로서 자녀의 학업에 대해 어떤 태도를 취할 것인지에 대해 오래 전부터 많은 이들이 고민해왔다. 자녀의 학업에 신경 쓰는 것이 바람직한 일인지 멀리해야 할 일인지 헷갈릴 때가 많기 때문이다. 이때 우리가 생각해야 할 것은 자녀의 학업이 성적을 올리는 방편이기도 하지만, 자녀의 지능을 계발하는 일이기도 하다는 점이다. 자녀의 학업을 오로지 성적 향상의 도구로만 생각해서는 안 된다.

사람은 어려서부터 여러 가지 배움의 통로를 통해 지성, 영성, 감성, 사회성 등을 습득한다. 학교와 학원에서의 학업 역시 그런 것들을 습득하는 일련의 과정인 것이다. 때문에 자녀가 자라는 과정에서 부모가 취해야 할 태도는, 학업의 목표를 성적 향상에만 국한시킬 것이 아니라, 학업을 전인적 성장 과정에서 필수 요소로 보는 것이다. 그런 태도를 가질 때 부모는 자녀의 학업에서 자유로울 수 있고, 보다 넓은 차원에서 자녀의 진로를 고민하고 지지할 수 있게 된다. 그래야 부모는 자녀의 성장 과정에서 자녀의 달란트와 가능성을 발견하게 되고, 그 길을 지지할 수 있다.

한편 부모의 기대와 달리 자녀가 지성적인 측면에서 한계를 보일 때도 있다. 그렇지만 자녀의 전인적 성장을 기대하는 부모는 어느 한 분야의 한계에 낙담하지 않는다.

기독교인에게는 여기에 보태 하나님을 향한 신뢰가 있다. 자녀를 하나님께 맡길 때, 하나님께서 그를 온전히 책임지시고 인도하실 것이라는 믿음이 있기 때문에 실망하지 않는다. 인생에서 중요한 것은 성적이 아니라 하나님을 향한 믿음과 하나님이 주시는 은혜임을 아는 부모는 자유로울 수 있다.

{ 자녀를 독립시키라 }

자녀를 양육하는 일은 결과적으로 자녀를 독립시키는 작업이다. 자녀들은 어느 정도 나이가 들면 자연스레 부모에게서 독립하려는 욕구를 가진다. 반면 많은 부모들은 자녀를 독립시키는 것을 두려워한다. 자녀가 독립하기는 아직 어린 것 같기도 하고, 설령 독립시키더라도 품안의 자식처럼 자녀 스스로 할 수 있는 일도 대신 처리한다. '캥거루족'이라는 신조어가 만들어진 것도 그 때문이다. 학교를 졸업하고 자립할 나이가 되었음에도 불구하고 여전히 부모에게 경제적으로 의지하고, 유사시에는 부모라는 단단한 방어막 속에 숨어버리는 젊은이들을 일컫는 말이다. 그러나 성숙한 부모라면 마땅히 자녀의 독립을 두려워하지 말아야 한다. 설령 조금 부족해보이더라도 믿어주고 용기를 북돋아주어야 한다.

성경적 자녀교육도 마찬가지다. 자녀를 신앙으로 교육하

부모가 가는 길로 자녀도 간다

는 목적은 자녀들이 부모의 신앙에 의존하는 사람이 아니라, 그들 스스로 예수 그리스도를 따라 사는 신앙인으로 만들기 위해서다. 부모의 명령에 의해 교회에 가고 헌금을 하고 이웃을 구제하는 것이 아니라, 스스로 예배를 사모하고 용돈을 구별해 헌금하고 주위의 가난한 이웃에게 마음을 쏟도록 만들기 위해서다.

장로교에선 유아기 때 부모의 신앙고백에 따라 유아세례를 받은 아이들은 어느 정도 나이가 들면 입교(入敎)라는 절차를 거친다. 이제는 자신의 이성과 판단으로 예수 그리스도를 구주로 영접하고, 예수 그리스도의 제자로 살겠다는 고백을 하는 절차다. 부모의 신앙고백이 아니라, 자녀 자신의 신앙고백을 하는 것이다. 부모는 자녀가 성장해서까지 유아세례자로 남게 해서는 안 된다.

식물은 충분한 물과 영양소를 공급해야 꽃이 피고 열매를 맺는다. 부모들은 자녀들이 자신의 신앙을 가질 수 있도록 꽃나무를 가꾸는 일 이상으로 정성과 노력을 기울여야 한다. 자신의 의지와 결단으로 예수 그리스도를 구주로 영접하고, 하나님 앞에 자신의 삶을 드리는 자녀를 보는 일은 부모에게 커다란 기쁨이 될 것이다. 그러기 위해서는 성경적 자녀교육을 바로 시행하고, 그 과정을 통해 자녀를 독립시킬 수 있어야 한다.

{ 성경을 신뢰하라 }

미국 제16대 대통령 아브라함 링컨은 9살 때 어머니를 여의 었다. 어머니 낸시 링컨이 남긴 유언은 링컨의 가슴에 오래도 록 깊이 박혔다.

"아들아! 이 성경은 내가 여러 번 읽어 낡았지만 우리 집안 의 가장 값진 보물이란다. 나는 너에게 100에이커의 땅을 물 려주는 것보다 이 한 권의 성경책을 물려주는 것을 진심으로 기쁘게 생각한다. 너는 성경을 부지런히 읽고 성경 말씀대로 사는 사람이 되어다오."

낸시 링컨의 유언은 성경적 자녀교육을 꿈꾸는 부모들에 게 한 가지 도전을 준다. 성경을 철저히 신뢰하라는 가르침이 다. 그런데 교회에 오래 출석하고 나름 신앙이 좋다는 부모들 이 자녀를 교육할 때 가질 수 있는 한 가지 두려움이 있다. '과 연 성경이 말하는대로 가르쳐도 내 자녀가 사회에서 잘 적응 할 수 있을까' 하는 염려다.

우리는 "주의 말씀은 내 발에 등이요 내 길에 빛이니이다" (시 119:105)라는 말씀을 좋아하고 외우기까지 한다. 이 말씀 은 인생 전반을 향한 말씀이지만, 특히 자녀를 양육할 때도 똑같이 적용되는 말씀이다. 우리는 성경 속의 하나님의 가르 침이 우리가 사는 세상과 동떨어진 것이 아니라는 사실을 믿 어야 한다. 성경은 추상적이거나 과거의 말씀이 아니다. 현재 우리의 일상 가운데 구체적으로 적용되는 말씀이다. 이 사실을 믿는 사람이라면 성경이 우리 자녀를 양육하는 데에 세상 어떤 책보다 필요하다는 것을 확신할 수 있다.

성경은 시간과 공간에 제약을 받지 않는 절대 진리다. 세상에 수많은 교육 이론이 있지만 그것은 인간의 머릿속에서 나온 것들이고, 절대적이라고 확신하지도 못한다. 그러나 성경은 인간을 창조하신 하나님의 말씀이다. 인간을 창조하신 분만큼 인간을 제대로 아는 분은 없다. 성경은 하나님의 창조 목적대로 인간을 인간답게 만드는 지혜가 담긴 책이다.

> [19]내가 오늘 하늘과 땅을 불러 너희에게 증거를 삼노라 내가 생명과 사망과 복과 저주를 네 앞에 두었은즉 너와 네 자손이 살기 위하여 생명을 택하고 [20]네 하나님 여호와를 사랑하고 그의 말씀을 청종하며 또 그를 의지하라 그는 네 생명이시요 네 장수이시니 여호와께서 네 조상 아브라함과 이삭과 야곱에게 주리라고 맹세하신 땅에 네가 거주하리 _신 30:19,20

PART

2

교육 실천하기

06

사랑을 심어야 행복이 열린다

'성조기여 영원하라'는 미국의 국가이다. 미국인이 이 국가보다 더 애창하는 노래가 있다. 존 하워드 페인(John Howard Payne)이 노랫말을 지은 '즐거운 나의 집'(Home sweet home)이다.

즐거운 곳에서는 날 오라 하여도
내 쉴 곳은 작은 집 내 집뿐이리
내 나라 내 기쁨 길이 쉴 곳도
꽃 피고 새 우는 내 집뿐이리
오 사랑 나의 집
즐거운 나의 벗 내 집뿐이리

이 노래에 얽힌 아름다운 실화가 있다. 1862년 미국 남북 전쟁 당시 레퍼해녹 강(Raperhannock River)을 사이에 두고 남군과 북군이 한 치의 양보도 없이 치열한 전투를 벌이고 있었다. 북부군 10만여 명의 병력 중 1만 2000여 명이, 남부 군 7만여 명의 병력 중 5000여 명이 죽거나 다친 치열한 전 투였다.

어느 날 밤, 야영지에서 한 병사가 하모니카로 '즐거운 나 의 집'을 연주하기 시작했다. 피비린내 나는 전장을 떠나 가 족이 있는 고향집으로 돌아가고픈 애절함이 곡조에 가득 담 겨 있었다.

작은 하모니카 연주는 이내 합창이 됐다. 남북군 병사들이 자신도 모르게 노래를 따라 부르기 시작한 것이다. 너나없이 모두가 고향집을 그리워하는 마음에 울면서 이 노래를 불렀 다. 총부리를 겨누던 적은 사라지고, 미움도 사라지고, 고향 을 그리워하는 절절함만 남았다. 노래는 밤새도록 이어졌고, 전투는 사라졌다.

노랫말을 지은 존 하워드 페인은 열세 살 때 어머니를 잃었 다. 얼마 후 아버지마저 세상을 뜨자 가족은 뿔뿔이 흩어졌 다. 성인이 되어 집도 없이 떠돌아다니던 그는 어린 시절 단 란했던 가정을 떠올리면서 이 노랫말을 지었다고 한다.

'즐거운 나의 집'은 미국을 가정 중심의 나라로 만드는 데 중요한 역할을 했다. 지금의 미국을 만드는 데 청교도 문화가 지대한 역할을 했다면, 청교도 문화의 밑바탕에는 바로 건강한 가정이 있었다.

하나님이 만드신 조직이 두 가지 있다. 하나는 교회이고, 또 하나는 가정이다. 가정은 인간에게 안식처요 피난처다. 아이들은 가정에서 부모의 사랑을 받고 형제끼리 우애를 나눈다. 그렇지 못한 아이라면 불행감과 고독을 느끼고 가정 밖에서 위안을 찾으려 한다. 그러므로 가정이 행복해야 자녀교육이 제대로 이뤄진다. 자녀교육의 출발점이 행복한 가정에 있기 때문이다. 그런 가정이라야 자녀를 지혜롭고 건강하고 하나님을 바로 믿는 사람으로 만들 수 있다. 부모들은 이런 가정을 만드는 일을 마땅히 사명으로 알아야 한다.

{ 가정에서 사랑을 심자 }

사랑은 생명을 낳고 생명을 살린다. 거실에 있는 작은 화초를 가꿀 때도 사랑을 줄 때와 그렇지 않을 때는 결과가 확연히 다르다. 애정 어린 목소리로 화초에게 말을 걸고 잎을 닦고 물을 주면 꽃이 피지만, 아무 관심도 쏟지 않고 마지못해 물을 주면 이내 시들고 만다.

¹내가 사람의 방언과 천사의 말을 할지라도 사랑이 없으면 소리 나는 구리와 울리는 꽹과리가 되고 ²내가 예언하는 능력이 있어 모든 비밀과 모든 지식을 알고 또 산을 옮길 만한 모든 믿음이 있을지라도 사랑이 없으면 내가 아무 것도 아니요 ³내가 내게 있는 모든 것으로 구제하고 또 내 몸을 불사르게 내줄지라도 사랑이 없으면 내게 아무 유익이 없느니라 _고전 13:1-3

자녀를 양육할 때도 사랑이 중요하다. 자녀의 마음에 사랑을 심어주고 길러주어야 한다. 부모에게 충분한 사랑을 받아야, 자신도 다른 사람을 사랑할 수 있다.

미국 보스턴의 한 정신병원에 불쌍한 소녀 한 명이 수용돼 있었다. 정신불안 증세를 앓는 소녀였고, 병원에서는 '회복 불능'이라는 진단을 내렸다. 부모와 연락이 되지 않고 아무도 찾아주는 이 없었지만, 그 소녀에게 유일하게 손을 내미는 한 사람이 있었다. 나이 많은 간호사 로라(Laura)였다. 로라는 6개월가량이나 그 소녀를 찾아가 성경을 읽어주고, 복음을 설명하고, 과자를 전해주었다. 그 소녀를 향해 "나는 너를 정말 사랑한다"고 매일 말해주었다. 6개월이 지났을 때, 그 소녀는 잃었던 웃음을 되찾고 정상적인 상태로 돌아왔다. 소녀의 이름은 앤 설리번이었다.

설리번은 정신병원에서 퇴원한 후 "보지도 듣지도 말하지도 못하는 아이를 돌볼 사람을 찾는다"는 구인광고를 보고 삼중고를 겪고 있는 사람을 찾아가 가정교사가 됐다. 삼중고의 주인공은 바로 헬렌 켈러였다. 설리번의 노력과 헌신으로 헬렌 켈러는 훗날 인문학과 법학을 공부해 박사가 됐다. 설리번은 삶의 마지막 순간까지 헬렌 켈러를 위해 살았다. 정신병원 간호사였던 로라의 사랑이 설리번을 살렸고, 설리번은 받은 사랑을 헬렌 켈러에게 돌려주었다. 사랑은 또 다른 사랑을 낳는다.

자녀를 양육하는 일은 세상 어떤 것과도 바꿀 수 없는 값진 소명이고 선물이다. 그 일을 성공적으로 할 수 있는 열쇠는 사랑이다. 하나를 가르쳐도 사랑으로 가르치고 사랑으로 훈계해야 한다. 성경적 자녀교육은 곧 사랑으로 말미암는 교육이다. 사랑이 교육을 건강하게 하고 자녀를 살린다.

{ 사랑을 표현하라 }

리빙스턴 선교사는 아프리카 선교의 아버지로 불린다. 그는 30년 이상 문명을 등지고 아프리카 오지에서 원주민들과 함께 살았다. 그가 죽은 지 3년 후에 영국교회의 한 지도자가 아프리카를 방문했다. 그 지도자가 아프리카 원주민들에게 물었다.

"리빙스턴 선교사에게 무엇을 배웠습니까?"

그러자 놀라운 대답이 되돌아왔다.

"리빙스턴 선교사님이 가르쳐준 것은 기억이 나지 않습니다. 그러나 한 가지는 분명합니다. 선교사님은 우리를 사랑했습니다."

자녀를 사랑하지 않는 부모는 없지만, 부모의 사랑을 받지 못하고 자라는 자녀는 많다. 아이러니가 아닐 수 없다. 여기서 알 수 있는 사실은 '사랑은 표현되어야 한다'는 것이다.

마음의 감정을 잘 표현하지 못하는 사람들이 있다. 자녀를 양육할 때도 마찬가지다. 눈에 넣어도 안 아플 자녀이지만, 많은 부모들이 그 사랑을 제대로 표현하지 못한다. 부모의 입장에서는 표현하지 않아도 사랑하는 것이라고 말할 수 있지만, 자녀 입장에서는 너무 불친절한 말이다.

부모가 자녀에게 사랑을 표현하는 것은 양육에서 대단히 중요한 일이다. 자녀는 사랑을 느낄 때 안정감과 행복을 느끼기 때문이다. 안정감과 행복은 건강한 인격 형성에도 직결된다.

"엄마는 너를 사랑해."

"아빠는 네가 있어서 행복하다."

사랑을 표현하는 말은 거창하지 않아도 된다. 마음을 담은 한 마디로도 자녀들은 사랑을 느낀다. 자녀를 사랑하는 부모라면 잊지 말기 바란다. 사랑은 표현되어야 하고, 표현해야 안다.

{ 제대로 사랑하라 }

자녀에게 어떤 목표를 세워놓고, 물불 안 가리고 그 목표에 매진하는 부모들이 있다. TV드라마 〈스카이캐슬〉에 나온 부모들이 그랬다. 드라마 속 부모들은 자녀를 명문대학교 의대에 보내기 위해 그야말로 물불을 안 가렸다.

부모로서는 자녀가 그 목표를 달성하도록 도와주는 것이 사랑이라고 생각하겠지만, 자녀들은 많은 경우 그렇지 않다. 자녀를 일류대학에 보내기 위해, 자녀를 의사로 만들기 위해 수고하고 애쓰지만, 그것은 자녀를 사랑하는 것이라기보다 부모의 야심이나 욕구 만족을 위해서일 때가 많다.

실제로 많은 부모들이 자녀를 통해 자신들의 욕심을 채우려 할 때가 많다. 자녀의 재능을 계발하는 데 관심을 쏟기보다 자신들이 못다 이룬 꿈을 달성하려 하거나, 높은 수준의 사회적 지위를 획득하려는 것이다. 이런 부모들은 자녀를 제대로 이해하려 하지도 않는다. 자녀에게 어떤 특기가 있고, 어디에 소질이 있고, 무엇을 소망하는지에 관심을 기울이기보다, 오로지 부모의 목표를 달성하기 위해 성적을 올리기에

부모가 가는 길로 자녀도 간다

만 혈안이 돼 있다. 그래서 어떤 부모는 물질로 사랑을 표현하려 한다. 자녀에게 좋은 옷을 사주고 맛있는 음식을 먹이고 용돈을 많이 주는 것이 사랑을 표현하는 방법이라고 생각한다. 그러나 이것 역시 사랑을 오해하는 것이거나, 부모 위주로 사랑을 해석하는 것이다.

다른 사람과의 경쟁의식도 잘못된 교육에서 큰 몫을 차지한다. 내 자식이 다른 집 자식보다 좋은 대학에 가야 하고, 더 높은 위치에 오르고 더 많은 돈을 벌어야 한다는 경쟁의식이다. 끝없는 경쟁으로 부모 자신은 물론 자녀들이 더 힘들어하는 것을 알면서도 사회 현실이 그렇다고 핑계를 대고, 또 그것이 사랑이라는 생각으로 애써 외면한다.

자녀를 위한 올바른 사랑은 부모의 욕구를 만족시키기 위한 것이 아니다. 자녀가 복 되고 보람 있는 삶을 살도록 바른 길을 제시하고, 재능을 계발하도록 돕고, 가르치고, 격려하는 것이다. 그런 사랑이 자녀를 살린다. 사랑도 제대로 해야 사랑이다.

{ 가정 분위기는 행복해야 }

가정의 분위기는 자녀들의 성격 형성에 큰 영향을 미친다. 부모가 서로 사랑하고 형제간에 우애가 좋은 가정에서 자란 자녀는 성격이 대체로 밝고 적극적이지만, 반대로 가족들이 서로 불평하고 비난하는 분위기 속에서 자란 자녀는 어둡고 소극적인 경향이 많다.

가정의 분위기를 밝게 만드는 데는 무엇보다 부모의 역할이 크다. 부모가 신앙에 근거해 매사를 긍정적으로 보면 자녀 또한 그 모습을 따라가게 된다. 반대로 불평이 잦은 부모는 자녀에게 불평하는 습관을 물려준다.

부부간의 관계도 중요하다. 부부 사이가 안정돼야 자녀 또한 정서적으로 안정이 된다. 부부가 서로에게 불만을 갖고 반목하면 그 불똥은 고스란히 자녀에게 향한다. 어린 시절에 부모가 싸우는 모습을 자주 본 사람들이 나이가 들어서도 예전의 기억 때문에 힘들어하는 것을 주위에서 어렵지 않게 볼 수 있다. 부부가 서로 존경하고 감사하는 마음으로 대할 때 아이들 또한 감사와 존경의 태도가 몸에 밴다.

형제애도 빼놓을 수 없다. 형제들이 서로 아껴주고 도와주는 분위기에서 자라야 성장한 후에도 행복한 가정을 꾸려가기에 유리하다. 특별히 형제애를 갖도록 하기 위해 부모가 명심해야 할 것이 있는데, 그것은 특정 자녀를 편애하지 않는 것이다. 또한 형제간에 경쟁심을 부추기는 말이나 특정 자녀의 잘못을 계속 지적하는 것도 피해야 한다. 형제들 사이에서 생긴 우월감이든 열등감이든, 둘 다 바람직하지 못하다.

가정의 분위기를 밝게 하기 위해 가족들이 함께 하는 시간을 많이 가져야 한다. 가족이 함께 운동을 하거나, 자녀가 좋아하는 TV 프로그램을 같이 보거나 함께 쇼핑을 하는 등, 가족이 함께 하는 시간이 많을수록 자녀는 마음속에 행복을 느끼고 밝고 긍정적인 성격을 갖게 된다. 하지만 가족이 함께 시간을 보내기란 요즘같이 바쁘게 돌아가는 세상에서 쉬운 일은 물론 아니다. 그러나 마음만 먹는다면 불가능한 일도 아니다. 혼자 쓸데없이 보내는 자투리 시간을 아끼고, 가족과 함께 하는 시간을 월초나 주초에 미리 정해놓는 것도 좋은 방법이 될 수 있다.

{ 긍정적 자아 만들기 }

"말이 씨가 된다"는 말이 있다. 이 말을 부모와 자녀의 관계로 국한한다면, 부모가 평소에 자녀를 향해 하는 말이 자녀의 장래를 형성한다는 뜻으로 이해될 수 있다. 곰곰이 생각하면 무겁고 무서운 말이 아닐 수 없다.

　부모로부터 긍정적인 말을 듣고 자란 자녀와 그렇지 않은 자녀는 차이가 없을 수 없다. 부모로부터 칭찬과 긍정적 말을 들은 자녀는 자신감을 갖고 세상을 살아가게 되고 긍정적 자아를 갖게 된다. 간혹 예수님을 구주로 받아들인 기독교인 가운데서도 과거처럼 자기비하에 계속 빠져 사는 사람이 있다. 예수 그리스도로 인해 죄의 굴레에서 벗어났다는 것을 머리로는 알지만, 가슴으로는 알지 못해 늘 어두운 마음으로 살아간다.

자녀가 긍정적인 자아를 갖도록 하려면 부모의 인정과 칭찬이 무엇보다 효과적이다. 칭찬과 인정을 통해 자녀는 자신이 중요하고 가치 있는 존재인 것을 알게 된다. 자녀를 키워본 부모라면 약을 먹기 싫어하는 자녀가 칭찬을 해줬을 때 약을 먹는 것을 경험했을 것이다. 사람은 누구나 인정받고 싶어하는 마음이 있다. 특별히 자녀는 가장 가까운 존재인 부모가 칭찬해줄 때 자신을 더욱 긍정적으로 여기게 된다.

긍정적인 자아를 갖게 하는 데 또한 중요한 것이 부모의 조건 없는 사랑이다. 부모로부터 조건 없는 사랑을 받는다는 사실을 느낄 때 자녀는 자신을 귀중하게 여긴다. 예수 그리스도와 우리의 관계가 사실 그렇다. 우리가 용서받을 수 없는 죄인임에도 불구하고, 예수 그리스도는 십자가를 마다 않고 조건 없이 우리를 사랑하셨다. 덕분에 우리는 스스로가 천하보다 귀한 자들임을 안다. 비록 칭찬받을 만한 일이나 인정받을 만한 일을 하지 않더라도, 자녀들은 부모의 사랑을 느끼면 자신을 존중하게 되고, 그것은 장차 자신의 삶을 가치 있게 살아가게 만드는 데 귀중한 밑거름이 된다.

부모가 가는 길로 자녀도 간다

{ 하나님을 경외하는 가정 }

건강하고 행복한 가정을 만들기 위한 방법은 여러 가지가 있지만, 가장 중요하면서도 쉬운 길은 하나님을 경외하는 가정이 되는 것이다. 하나님을 경외하는 가정은 하나님을 모든 일에 최우선으로 두고, 하나님의 가르침에 순종하고, 하나님께 모든 것을 맡기는 가정이다. 쉽게 말해 하나님을 가정의 주인으로 모신 가정이다.

부모들은 가정의 주인이 자신들이 아니라 하나님이라는 것을 고백하고, 자녀들이 그것을 알도록 해야 한다. 그럴 때 하나님은 그 가족을 책임지신다. 부모가 걱정하는 자녀의 건강, 진로, 결혼 등 모든 것을 하나님께 맡기고 순종할 때, 하나님은 영광을 받으시고 자녀를 책임져주신다.

하나님을 경외하는 가정의 예를 성경에서 찾아볼 수 있다. 사도행전에 나오는 고넬료의 가정이다. 그는 이방인이고 당시 유대를 통치하는 로마의 장교였지만, 유대인들이 믿는 하나님을 믿었다.

그가 경건하여 온 집안과 더불어 하나님을 경외하며 백성을 많이 구제하고 하나님께 항상 기도하더니 _행 10:2

고넬료는 혼자만 하나님을 믿는 것이 아니라, 온 집안 식구도 하나님을 믿게 했다. 구제도 많이 하고 항상 하나님께 기도하는 사람이었다. 그렇게 하나님을 잘 믿는 사람이었기에, 하나님은 베드로를 통해 그에게 예수 그리스도의 복음을 듣게 하시고 성령을 허락하셨다. 고넬료 덕분에 그의 친척들과 친구들도 성령을 받고 함께 세례를 받는 복을 누렸다. 우리가 추구해야 할 가정이 바로 이런 모습이다. 하나님의 말씀을 사모하고 하나님을 경외할 때, 하나님은 그 가정에 복을 주신다.

[20]내 아들아 네 아비의 명령을 지키며 네 어미의 법을 떠나지 말고 [21]그것을 항상 네 마음에 새기며 네 목에 매라 [22]그것이 네가 다닐 때에 너를 인도하며 네가 잘 때에 너를 보호하며 네가 깰 때에 너와 더불어 말하리니 [23]대저 명령은 등불이요 법은 빛이요 훈계의 책망은 곧 생명의 길이라 _잠 6:20-23

07

부모가 자녀를 위해 준비할 것들

성경적 자녀교육을 한 마디로 정의하면, 부모가 자녀와 같이 올바른 신앙생활을 하고 자녀에게 신앙을 가르치는 것이다. 부모가 자녀와 함께 기도하고, 자녀가 혼자서도 기도할 수 있도록 가르치는 것이다.

성경적 자녀교육을 하는 부모는 자녀와 함께 성경을 읽고 자녀가 혼자서도 성경을 읽는 습관을 갖도록 도와준다. 부모가 자녀와 함께 찬송을 부르고, 자녀가 어둠 속에서도 찬송할 수 있도록 권면한다. 부모가 자녀와 함께 예배를 드리고, 부모 없이도 혼자 예배에 참석할 수 있도록 가르친다.

정리하자면, 성경적 자녀교육은 부모가 신앙을 실천하며 자녀를 깨우치는 교육이다. 학교나 학원처럼 선생님이 학생에게 일방적으로 가르치기만 하는 교육이 아니다. 마치 예수님께서 제자들과 함께 생활하시면서 기도의 본, 예배의 본, 사랑의 본을 보이셨듯이, 부모가 먼저 본을 보이며 자녀를 이끄는 교육이다. 부모가 가는 길로 자녀도 가는 탓이다.

여기서 한 가지 알 수 있는 것은, 성경적 자녀교육이 제대로 이뤄지기 위해서는 성경적 가정이 전제되어야 한다는 것이다. 부모와 자녀가 함께 기도하고, 성경 읽고, 찬송하고, 예배하는 가정에서 성경적 자녀교육이 이뤄진다는 말이다.

이런 성경적 가정은 성경적 자녀교육과 마찬가지로 하루 아침에 이뤄지는 것이 아니다. 마음먹는다고 이뤄지는 것도 아니다. 다만, 적어도 성경적 자녀교육을 꿈꾸는 부모라면 성경적 가정을 이룰 확률이, 혹은 이뤘을 확률이 크다고 필자는 본다. 더불어 성경적 자녀교육은 성경적 가정을 이루는 동력이 될 수 있다. 생활에 여유가 없고 자녀와 눈을 마주칠 시간이 부족한 점 등 여러 가지 장애가 있겠지만, 의지를 세워 일주일에 하루를 정해 자녀와 함께 기도하고 성경을 읽어보길 바란다. 놀랍게도 성경적 자녀교육은 물론 성경적 가정이 이루어지는 것을 경험할 것이다.

{ 부모가 먼저 준비되어야 한다 }

성경적 자녀교육은 혼탁한 세상 가운데에서 우리의 자녀를 하나님의 온전한 사람으로 양육하는 데 목적이 있다. 세상이 가르치는 자녀교육의 이론과 방법이 아니라, 성경이 말하는 방법을 따라 자녀를 부패한 세상 가운데에서 소금으로, 어두운 세상에서 빛으로 살게 하며, 올바른 가치관을 가지고 참된 행복을 누리는 인격체로 살게 하려는 시도다.

성경적 자녀교육은 오늘의 사회 환경과 제도 속에서는 결코 쉬운 일이 아니다. 가벼운 마음으로 시작해볼 일도 아니다. 한번 시도해볼까 하고 마음을 먹었다가도, 준비하고 실천해야 할 과정을 차근히 생각해보면 엄두가 나지 않을 수 있다. 더욱이 그 대상이 사랑하는 자녀이고, 시간은 한번 흘러가면 되돌릴 수 없다는 점에서 여간 무거운 결심이 아닐 수 없다.

그렇지만 결코 불가능한 일은 아니다. 성경에서는 물론이고 기독교 역사에서 많은 믿음의 선진들이 성경적 자녀교육을 실천했다. 거기에 더해 우리에게는 하나님께서 주신 놀라운 비법이 있다. 바로 '기도'다. 기도는 불가능을 가능케 하는 열쇠다. 성경적 자녀교육을 위해 기도하면 하나님이 응답하신다. 그리고 자녀를 향한 십자가의 사랑을 기억하자. 그것은 우리를 향한 예수 그리스도의 사랑이기도 하다. 자녀를 사랑하되 세상의 출세를 위해 사랑하지 않고, 자녀를 사랑하되 세상의 명예와 권세를 위해 사랑하지 않고, 자녀를 사랑하되 세상 사람들이 만능으로 생각하는 돈과 물질로 사랑하지 않는 사랑이다. 자녀를 온전한 하나님의 사람으로 양육하고자 기도하고 소원하는 거짓 없는 사랑이다. 그 사랑이 불가능을 가능케 한다.

{ 준비 1 : 성경교육 }

성경은 천지를 창조하시고 지금도 살아계셔서 세상을 주관하시는 하나님의 말씀이다. 곧 생명의 근본이 되신 하나님의 가르침이고, 진리가 그 속에 담겨 있다. 그렇기 때문에 부모는 먼저 성경을 알아야 하고, 자녀에게도 성경을 가르쳐야 한다.

놀랍게도 자녀들은 은연중에 부모를 평가한다. 부모가 평소에 무엇을 가까이 하고 어떤 말과 행동을 하는지 살핀다. 부모가 성경을 가까이 하고 그 가르침대로 살아가려 할 때, 자녀는 부모를 '성경적 인격체'로 인정한다. 부모는 자녀에게 인정받는 좁은 문을 통과하기 위해 겸손한 마음으로 자기를 돌아보고, 또한 기도하는 마음으로 자녀를 교육해야 한다.

성경에서는 성경교육의 효용과 중요성을 여러 곳에서 강

조하고 있다. 대표적으로 디모데후서 3장 15,16절에서는 성경이 구원에 이르는 지혜를 교육하고, 예수님의 교훈을 교육하고, 성경이 책망하고 금하는 것을 교육하고, 바르게 살고 행동하도록 교육하고, 결과적으로 하나님의 사람으로서 온전케 되도록 교육한다고 말하고 있다.

성경교육은 교회사에서도 강조돼왔다. 수많은 믿음의 선진들은 자녀에게 성경을 가르치는 일을 교회의 주초를 반석 위에 세우는 일과 같다고 보았고, 모든 선교 중에 가장 기초가 되며 뿌리가 되는 선교라고 가르쳤다. 2세기 교회 지도자 폴리캅은 부모들을 향해 "자녀들이 하나님을 경외하도록 훈련시키라"고 교훈했다. 초대 교부 중의 한 사람인 로마의 클레멘트도 부모들에게 "그리스도 안에 있는 교훈을 자녀들과 함께 나누라"고 권면했다.

성경교육의 중요성은 지금도 계속해서 강조되고 있다. 자녀에게 성경을 가르치는 일은 개인적으로는 성경적 인격 배양이자, 하나님의 사람으로서 세상에서 튼튼히 서도록 하는 일이다. 또한 성경을 가르치는 일은 어두운 세상을 진리의 빛으로 밝히는 일이다. 이는 미래의 행복 씨앗을 심는 일이자 부모와 교회의 사명이고, 하나님의 명령에 순종하는 일이다. 더불어 자녀에게 성경을 가르치는 일은 자녀를 향한 부모의 사랑의 포옹이다.

성경교육에서 반드시 기억해야 할 것은 '때'가 중요하다는 것이다. 농작물을 경작하는 데도 때가 중요하다. 때에 맞춰 씨를 뿌리고, 때에 맞춰 물을 주고 거름을 줘야 열매가 맺힌다. 이쑤시개 같은 작은 생활 용품 하나를 제조하는 데도 일의 순서가 있다. 마찬가지로 교육에도 순서와 때가 있다.

인간에게 뿌리와 같은 교육은 유아기에 해야 하는데, 특히 성경교육은 어머니의 품 속에서 시작하여 성장할 때까지 부모에게서 지속적으로 이뤄져야 한다. 부모가 그렇게 성경 말씀을 심고 자녀가 그 말씀을 따라 살며, 그 결과 많은 열매를 맺는다면, 그보다 값진 일은 없을 것이다. 부모가 맺을 수 있는 일생일대의 행복이자 보람이 아닐 수 없다. 그것은 하나님의 뜻이기도 하다.

하나님은 부모로 하여금 자녀에게 성경을 가르치고, 성경으로 양육하라고 명하셨다. 그 명령에 순종함으로 부모와 자녀가 함께 구원을 얻고 하나님이 주시는 복을 누린다면 그보다 기쁘고 감사한 일은 없을 것이다.

내가 진실로 진실로 너희에게 이르노니 한 알의 밀이 땅에 떨어져 죽지 아니하면 한 알 그대로 있고 죽으면 많은 열매를 맺느니라 _요 12:24

{ 준비 2 : 열정 }

세상의 지식과 기술은 필요에 따라 머리로 배우면 되지만, 인격을 갖추고 행복을 누리며 하나님께서 약속하신 영생을 얻으려면 정신적 각성과 함께 마음의 뿌리가 든든해야 한다. 그리고 중요한 한 가지가 더 필요하다. 바로 부모들의 성경적 자녀교육에 대한 신앙적 열정이다.

사실 교육에 대한 사회적 인식이 잘못되고 교육의 실제 또한 혼란에 빠져 있는 이 시대에, 성경적 자녀교육은 결코 호락호락하지 않다. 그 앞에 태산과 홍해가 가로놓여 있기도 하고, 그 길이 너무나 좁고 협착하여 가는 사람이 없어서 외롭고 고통스러울 수도 있다. 심지어 세상으로부터 비웃음을 당할 수도 있다.

실제로 적지 않은 부모들이 성경적 자녀교육의 뜻과 목적을 공감하고 간절히 소망하지만, 가야 할 길이 멀고 일상생활에서 너무 큰 정신적 부담과 희생과 고통을 많이 받기 때문에 선뜻 실천하기가 두렵다고 한다.

또한 부모들이 가정에서 자녀들에게 신앙교육을 하는 것은 학교에서 선생님들이 학생을 가르치는 것보다 정신적으로 몇 배나 힘들다. 가정이라는 환경의 특성과 부모와 자녀라는 특수한 관계 때문이다. 성경교육은 학교교육과 성격과 차원이 아주 다르기 때문에 부모들은 학교 선생님들보다 더 어려움을 느낀다. 또 가정이라는 울타리 안에서 같이 생활하면서 교육을 해야 하고 자녀의 눈을 피할 수 없는 생활 환경 등은 부모에게 더 세심하고 복잡한 주의를 요구한다. 그러니 각종 어려움이 겹겹이 쌓이기도 한다.

학교 선생님들은 맡겨진 학생들을 일정한 장소에서 학과 시간표에 따라 가르치기만 하면 되지만, 성경적 자녀교육의 일선 교사로 나선 부모는 교육 내용과 방법에서 근본적으로 무한 책임을 가진다. 어떠한 경우에도 자녀를 포기할 수 없고, 포기해서도 안 된다는 책임감이 어깨에 지워져 있다. 그러나 그런 두려움과 염려와 어려움에도 불구하고 부모는 그 길을 묵묵히 걸어가야만 한다.

무거운 말이지만, 부모는 자식을 위해, 그리고 하나님의 명령을 수행하기 위해 또 하나의 새로운 십자가를 짊어져야 한다. 그 십자가의 길에 영생이 있고, 참 성공이 있고, 참된 인격이 있고, 하나님의 사랑과 은혜가 기다리고 있다. 그러므로 하나님의 복된 말씀으로 자녀들을 교육하는 것이 우리에게 백년대계(百年大計)의 목표여야 한다. 그것은 자녀를 하나님께서 약속하신 축복의 길로 들어서게 하는 첫 관문이고, 또한 자녀로 하여금 인생의 고귀한 열매를 맺게 하는 출발점이기 때문이다.

성경적 자녀교육을 실천하려는 부모들에게는 하나님의 도

우심이 있음을 기억하자. 부모가 하나님을 의지하고 기도할 때, 하나님께서 그 자녀들을 육신적으로, 그리고 영적으로 푸른 초장과 잔잔한 물가로 인도해주실 것을 나는 믿는다.

다시 말하지만, 성경적으로 자녀를 교육하는 일은 생각처럼 재미있지도 않고 달콤하지도 않다. 부모에게 자녀교육은 부담과 고통이 따르는 일이다. 그러나 교육은 사람에게 일용할 양식과 같고 병들었을 때 반드시 먹어야 하는 약과 같다. 참 교육은 인격을 배양하고, 사고판단을 길러주고, 갈 길을 잘 선택하게 한다. 이런 성경적인 바른 교육에는 힘이 있고, 희망이 있고, 행복이 있다.

뒤틀려진 이 세상에서 자녀들을 참으로 사랑하는 부모라면 자녀들이 병든 교육을 받도록 내버려둘 수는 없다. 교육을 방임하거나 돈을 주고 사는 교육으로 만족할 수도 없다. 가정에서의 자녀교육은 험난한 길이고 희생을 각오해야 하는 길이며 끝이 보이지 않는 인내를 요구하는 길이다. 그 길을 부모는 묵묵히 걸어가야 한다. 거듭 말하지만, 거기에 희망이 있고, 기쁨이 있고, 보람이 있기 때문이다. 그러므로 열정을 가지고 그 길을 걸어가야 한다.

오늘은 어제의 결과이고, 내일은 오늘의 결과로 이뤄진다. 오늘의 혼탁한 현실과 목표 없는 방황의 시대는 어떻게 만들어졌을까? 사회 지도층이 배우지 못하고 지식이 부족해 이렇게 됐을까? 먹을 양식이 없어 시대를 제대로 볼 여유가 없어서였을까?

성경에서는 그 이유에 대해 새로운 시각을 요구하고 있다.

스스로 깨끗한 자로 여기면서도 자기의 더러운 것을 씻지 아니하는 무리가 있느니라 _잠 30:12

이는 너희 손이 피에, 너희 손가락이 죄악에 더러워졌으며 너희 입술은 거짓을 말하며 너희 혀는 악독을 냄이라 _사 59:3

[15]그런즉 너희가 어떻게 행할지를 자세히 주의하여 지혜 없는 자 같이 하지 말고 오직 지혜 있는 자 같이 하여 [16]세월을 아끼라 때가 악하니라 _엡 5:15,16

이유는 간단하다. 하나님의 지혜로 살려고 하지 않고 세상의 지혜로 살았고, 육체와 정욕의 요구대로 살려고 했기 때문이다. 한 마디로 부모 세대가 잘못 살았다는 말이다. 특별히 기독교인은 하나님이 책망하시는 첫 번째 대상자이다.

많은 교회 지도자들과 기독교인들이 성경 말씀을 숙지하고는 있지만, 정작 그 말씀대로 살지는 못하고 있다. 하나님의 자녀이고 예수님의 제자라고 자처하며, 주일이면 교회에 나가 설교 말씀을 듣고 성경을 배우느라 애쓰지만, 정작 삶은 세상 사람과 다를 바가 없다. 경건의 모양은 있어도 경건의 능력은 부인하는 아이러니 속에 빠져 버렸다.

6… 이 백성이 입술로는 나를 공경하되 마음은 내게서 멀도다 7사람의 계명으로 교훈을 삼아 가르치니 나를 헛되이 경배하는도다 _막 7:6,7

15거짓 선지자들을 삼가라 양의 옷을 입고 너희에게 나아오나 속에는 노략질하는 이리라 16그들의 열매로 그들을 알지니 가시나무에서 포도를, 또는 엉겅퀴에서 무화과를 따겠느냐 _마 7:15,16

말씀을 지키지 아니하는 자들, 속과 겉이 다른 이른바 외식하는 자들을 예수님은 이처럼 엄히 책망하셨다.

우리는 하나님 앞에서 스스로를 반성하고 겸손한 태도를 가져야 한다. 우리는 우리의 시대를 잘못 살았을 뿐만 아니라 올바른 교육을 시행하지도 못했다. 부모 세대들이 자녀 세대에게 참 교육, 바른 교육을 실시하지 못한 결과는 암울하다. 많은 젊은이들이 땀을 싫어하고, 내일의 희망과 비전은 뒤로 하고 현실에 안주해 있다. 우물 안의 개구리처럼 세계 무대를 바라보는 안목을 갖지 못한 채, 좁은 한반도 땅에서 사회의 비리와 모순에 파묻혀 방향을 잃고, 잘못된 경쟁으로 서로를 물고 뜯고 있다. 자신의 책임과 의무는 저버린 채 국가와 사회에 대한 불평이 만연하고, 스스로 자립하지 않으려 하고, 가진 자들에게는 불만을 쏟아내고 있다.

이는 분명 부모들의 책임이다. 부모들이 잘못된 교육 방향과 목적으로 자녀들을 이끌었고, 사람교육, 정신교육, 가치관 교육 같은 교육의 참 의미를 상실한 채, 자녀들을 잘못된 교육에 방치했다. 기독교인 또한 마찬가지다. 가정에서의 성경교육은 일찌감치 포기한 상태에서 세상교육을 추구하고 세상 교육에 휘둘려 살았다.

우리는 이제라도 자성해야 한다. 겸손한 태도로 사랑하는 자녀들에게 무엇을 가르치고, 어떻게 양육하고, 후세에 무엇을 남겨줄 것인지 깊이 고민해야 한다. 특별히 기독교인은 주님 앞에서 눈물로 회개하고, 주님이 명하시고 가르치신 교육의 길을 걸어가야 한다. 먹을 것을 위해, 출세하기 위해, 자신의 유익을 구하기 위한 교육에서 벗어나, 하나님의 온전한 자녀로 세우고 참 사람을 양육하는 교육에 최선을 다해야 한다.

{ 준비 4 : 본이 되는 생활 }

그러면 어떻게 하는 것이 하나님이 명하신 교육 방법인가? 간단하면서 어려운 이야기이지만, 부모의 삶이 바로 그 방법이다. 부모의 생활이 자녀들에게 곧 교육이라는 말이다. 기독교인 부모라면 일상에서 성경을 보고 기도하고 찬양하는 것 자체가 교육인 것이다.

전 세계에서 노벨상 수상자가 가장 많은 민족은 유대인이다. 정치 경제 사회 문화 예술 각 분야에서 두각을 드러내는 이들 가운데 상당수도 유대인이다. 주변 강대국의 침략으로 인해 세계 여러 곳으로 흩어지고 유랑민으로 오랜 고통의 세월을 살아야 했지만, 유대인은 시련을 이겨냈고 지금은 세계에서 가장 우수한 민족으로 인정받고 있다. 이런 유대인의 힘은 바로 자녀교육에서 나온 것이다. 유대인 부모들은 자녀들에게 성경을 가르치는 데 열심을 낸다. 성경 말씀을 암송하게 하고, 하나님의 뜻을 설명하고, 말씀을 가지고 토론하게 한다.

히브리어로 '가르치다'는 말은 '야로'라고 한다. 야로의 본래 뜻은 '인도하다', '앞서 가면서 뒷사람이 따라오게 하다'이다. 단순히 지식을 전달하거나 가르친다는 뜻이 아니다. 부모가 말로만 가르치고 마는 것이 아니라 자녀에게 가르친 것을 직접 실천하고, 자녀들이 그 삶을 따라 살도록 하는 것이다.

이것이 유대인의 교육방식, 즉 부모가 본(model)이 되어 자녀를 인도하는 교육방식이다. 유대인이 온갖 핍박 속에서도 수천 년이 지나도록 유대교를 지켜내고 다음세대를 유대교인으로 길러낸 비밀이 바로 이것이다. 성경적 자녀교육도 바로 이와 같아야 한다. 부모가 자녀에게 본이 되는 교육이어야 하는 것이다. 성경적 자녀교육을 하려는 기독교인 부모라면 이 사실을 깨닫고 기억해야 할 것이다.

{ 준비 5 : 아버지의 권위 }

과거 농경사회에서는 아버지의 권위를 따로 염려할 필요가 없었다. 자녀는 아버지를 따라 농사를 지으며, 아버지로부터 영향을 받고 어른이 되는 법을 배웠다. 아버지의 자녀교육이라고 해야 특별한 것이 없었지만, 아버지는 어머니와 함께 가정교육의 중요한 주체였다. 그러나 세상이 산업화되면서 아버지는 교육의 주체에서 한 발짝 물러났다. 아버지는 가정보다 직장에 매여 사는 몸이 됐고, 자녀교육은 자연스레 어머니 몫이 됐다. 그러는 가운데 아버지의 권위는 점차 약해져갔다. 아버지의 권위가 사라진 만큼 아버지에 대한 자녀의 존경심은 약해졌고, 아버지의 가르침에 순종하는 법도 잊어버렸다.

세상이 변하면서 아버지의 권위가 약화된 것이 특히 기독교인 가정에 더 문제가 되고 있다. 성경에 따르면 아버지의 권위는 하나님의 의해 주어진 것이다. 하나님은 가정에서 하나님의 대리자로서 아버지를 세우셨다. 그런데 하나님이 세우신 그 권위가 약화된 것이다.

8내 아들아 네 아비의 훈계를 들으며 네 어미의 법을 떠나지 말라 9이는 네 머리의 아름다운 관이요 네 목의 금 사슬이니라 _잠 1:8,9

아들들아 아비의 훈계를 들으며 명철을 얻기에 주의하라 _잠 4:1

1자녀들아 주 안에서 너희 부모에게 순종하라 이것이 옳으니라 2네 아버지와 어머니를 공경하라 이것은 약속이 있는 첫 계명이니 3이로써 네가 잘되고 땅에서 장수하리라 _엡 6:1-3

아버지의 권위가 바로 서야 자녀가 바로 선다. 무엇보다 자녀들은 아버지의 권위로부터 절제를 배운다. 자신도 모르는 지나친 행동을 아버지가 적절히 제어해줄 때, 자녀들은 질서와 법을 배운다. 그렇지 못한 자녀들은 무절제하기 쉽고, 사회가 정한 규칙에 쉽게 불만을 품게 된다.

아버지가 권위가 있어야 한다는 말을 자칫 엄한 아버지상을 가져야 한다는 것으로 오해하기 쉽다. 아버지의 권위는 자녀들을 바로잡아주는 역할이어야 하며, 자녀들이 곁에 올 생각을 하지 못하도록 가로막는 장벽이 되어선 안 된다. 권위가 자녀를 억누르기 위해 사용되어선 안 되는 것이다. 또한 권위는 아버지가 주장하는 것이 아니다. 자녀들 스스로 존경심을 바탕으로 마음에서 우러나와야 한다. 아버지의 권위는 명령하고 억압해서 주어지는 것이 아니다. 아버지가 평소에 본을 보이고 온유와 관용으로 가족들을 대할 때 자연스럽게 생겨난다.

'부부는 돕는 배필'이라는 말은 아버지의 권위를 세우는 데도 적용된다. 아버지가 권위를 가지려면 아버지 자신의 노력이 있어야 하지만, 어머니의 협력이 반드시 필요하다. 어머니가 아버지를 존중하지 않고 권위를 인정하지 않으면, 자녀들 역시 아버지의 권위를 인정하지 않는다. 그런 가정에서 자란 자녀는 아버지와 아무리 많은 시간을 보낸다 해도 아버지로부터 얻는 지혜가 적을 수밖에 없다.

이와 관련해 어머니들이 또한 기억해야 할 것은, 아버지의 권위는 곧 어머니의 권위와 이어진다는 사실이다. 아버지의 권위를 인정하지 않는 자녀는 어머니의 권위에도 도전한다. 따라서 어머니는 아버지의 권위를 세워주어야 한다. 어머니가 아버지를 존중하고 권위를 세워주는 만큼 아버지 역시 어머니를 존중해야 한다. 아내를 무시하고 함부로 대하는 아버지를 존경할 자녀는 없다. 또한 그런 가정에서 자녀교육이 제대로 이뤄질 리가 만무하다. 결과적으로 아버지의 권위는 부부의 권위와 마찬가지다.

{ 준비 6 : 열린 마음과 태도 }

효과적으로 성경적인 자녀교육을 하기 위해서는 부모와 자녀 사이에 열린 마음이 형성돼야 한다. 서로를 이해하고 신뢰하고, 심리적으로 친밀한 관계를 이뤄야 한다. 부모와 자녀는 수직적 관계가 아니라 가능한 수평적인 친구 관계여야 한다. 부모는 자녀에게 크고 작은 일을 함께 고민하는 의논의 대상자여야 하며, 멘토이자 토론자의 자리에 있어야 한다. 그러기 위해서는 많은 노력과 연습이 있어야 한다.

또한 부모들은 교육 과정에서 직면하는 문제들을 슬기롭게 풀어가야 한다. 예를 들어 가정예배를 정착하는 데 현실적으로 장애가 되는 문제가 발생한다면, 이에 대해 가족과 수시로 토의하고 의견을 수렴해야 한다. 특정 시간에 모여 가정예배를 드리기 어렵다면, 모이는 시간을 바꾸거나 별도로 대안을 마련해야 한다.

또 중요한 것은, 부모들이 가정에서 자녀들을 성경적으로 양육하는 과정에서 자녀들을 섣불리 측정하거나 평가하지 말아야 한다는 것이다. 신앙교육은 사랑의 교육, 마음의 교육, 정성의 교육, 인내의 교육이다. 부모의 생각과 기대를 외적 잣대로 측정하고 평가하기 위한 교육이 아니다.

신앙교육의 효과는 서서히 드러난다. 마치 메마른 땅에 물을 붓는 것과 같다. 사랑의 물, 지혜의 물, 정성의 물, 인내의 물, 기도의 물이 자녀의 마음 밭에 충분히 스며들어야 싹이 트고 열매가 맺힌다.

물론 자녀의 마음 밭이 다 같은 것은 아니다. 어떤 밭은 몇 개월 만에 싹을 피울 수 있고, 어떤 밭은 여러 해가 필요할 수도 있다. 중요한 것은 자녀를 양육하는 일에 조급하거나 섣불리 판단하지 말고, 열린 마음과 태도로 자녀를 기다려줘야 한다는 사실이다. 때가 되면 반드시 싹이 트고 열매가 맺힌다.

{ 준비 7 : 계획 수립과 기술 }

전문가가 괜히 있는 것이 아니다. 교육에서도 부모가 자녀들을 보다 효과적으로 교육하기 위해 전문가로부터 전문적인 교육과 훈련을 받는 것이 필요하다. 자녀를 교육할 때 자녀들이 보다 쉽게 이해하도록 돕는 적절한 표현은 무엇이고, 어떻게 하면 부드럽게 대화를 이어갈 수 있을지, 표정과 언어 톤(tone)은 어떻게 해야 할지도 전문가에게 배울 수 있다.

부모가 가는 길로 자녀도 간다

모든 사람이 당장 전문가가 될 수 있는 것은 아니다. 그러나 의지를 가지고 자녀교육과 관련한 선문 강의와 교육 동영상 등을 보면서 훈련을 받는다면 교육 효과는 놀랍게 증가할 것이다. 특별히 요즘에는 인터넷에서 각종 기독교 교육 관련 동영상을 자유롭게 볼 수 있다. 의지만 있으면 공부할 길은 얼마든지 있다.

성경적 자녀교육을 위해 한 가지 팁을 제안한다면, 교육계획표나 기간별 커리큘럼을 작성하는 것이 여러모로 도움이 된다는 것이다. 자녀교육은 부모와 자녀의 관계라는 특성상 느슨해질 수 있다. 하지만 계획표와 커리큘럼을 세우면 부모와 자녀 모두에게 긴장감을 주고 결과적으로 교육 효과를 높인다. 교육계획표를 작성할 때 주의할 점은 자녀들의 개인별 시간 사용과 형편이 어떠한지도 세밀히 고려해야 한다는 것이다. 고등학교를 다니는 아들의 사정, 중학교를 다니는 딸의 사정, 초등학교를 다니는 막내의 사정이 각각 어떠한지 지혜롭게 참작해야 효과를 높일 수 있다.

08

성경적 자녀교육에 적용할 것들

거듭 말하지만 성경적 자녀교육은 부모가 자녀를 일방적으로 교육하는 것이 아니라 부모와 자녀가 함께 하는 교육이다. 같이 공부하고 같이 배우고, 같이 노력하고 같이 기도하고, 서로 사랑하고 더불어 눈물 흘리는 것이다. 이는 교육의 적용 단계에서도 중요하다. 부모는 교육의 적용이 자녀에게만 해당되는 일이라고 여기며 나 몰라라 해선 안 된다. 실제 적용 단계의 상당 부분은 부모가 앞장서야 가능하다.

건물을 튼튼하게 짓기 위해서는 기초가 튼튼해야 한다. 자녀교육이라는 건물의 기초는 부모가 세우는 것이다. 그런 다음 마무리 짓는 일이 바로 자녀교육에서의 적용 단계이다. 그러므로 적용도 부모와 자녀가 함께 해나가야 한다.

{ 적용 1 : 가정예배를 시작하라 }

가정예배는 성경적 자녀교육에서 핵심이며 기초이다. 자녀들은 가정예배를 통해 하나님의 임재와 사랑을 느끼고 성경적 가치관을 배운다. 노아가 홍수 심판 후 가족들과 함께 하나님을 예배했을 때 "생육하고 번성하여 땅에 충만하라"는 복을 받았다.

그러나 가정예배가 마음대로 되는 것이 아니다. 가정예배를 생활화하여 생활의 중심에 두는 것은 쉽지 않다. 시간이 필요하다. 그렇기 때문에 처음부터 자녀들에게 지나치게 부담을 주거나, 가정예배를 강제로 시작해서는 안 된다.

가정예배를 진행하는 데도 지혜가 필요하다. 가정예배를 시작하는 초기에는 자녀들이 쉽게 따라 부를 수 있고 친근한 찬송가나 복음성가를 선택해야 한다. 긴 찬송가를 불러야 하는 경우라면 전체를 다 부르지 않고 1절 혹은 2절까지만 불러도 된다. 성경 말씀도 자녀의 나이에 따른 주의력을 감안해 너무 길지 않은 본문을 택한다. 기도 역시 길게 하거나 내용의 범위가 커지는 것은 좋지 않다. 기도 내용은 이왕이면 자녀와 관계가 있거나 자녀의 간구가 담긴 것이면 좋다. 이렇게 해서 초기의 가정예배는 어른을 위한 예배가 아니라 자녀들의 예배가 되도록 해야 한다. 그럴 때 자녀들은 가정예배에 부담을 갖지 않게 된다.

그렇다고 가정예배를 마냥 가볍게 여겨서도 안 된다. 예배의 본질이 상실되거나, 사람에게 편리하도록 예배의 진행 방식과 형식을 변형시켜서도 안 된다. 예배 시간을 지나치게 축소해 도리어 자녀들이 예배에 대한 잘못된 인식을 갖게 해서도 안 된다.

또한 중요한 것은 예배의 초점을 분명히 하는 일이다. 자녀들과 친밀해져야겠다는 생각으로 예배를 교제의 시간으로 삼거나, 그동안 못 다했던 인간적 교훈들을 일깨우는 시간이 되어서도 안 된다. 예배의 초점은 하나님께 맞춰야 한다. 자녀들이 하나님은 창조주이시며 전능자이심을 고백하고, 나의 구원자이자 인도자이시며 나를 주관하시는 분이심을 마음 깊이 새기도록 가르쳐야 한다.

{ 적용 2 : 기도를 시작하라 }

기도는 절대자이신 하나님 앞에 나아가는 일이다. 그러기에 마음과 뜻과 정성을 다 바치는 겸손한 자세가 필요하다. 나의 모든 것을 주님 앞에 조아리는 마음으로, 나의 사정과 형편과 생각을 구체적으로 아뢰어야 한다.

기도 시간은 나의 소원을 하나님께 올려드리는 시간인 동시에, 아울러 하나님과 소통이 이뤄지는 시간이 되어야 한다.

주님 앞에 나의 소원을 일방적으로 요구하는 것이 아니라, 주님의 뜻과 계획이 무엇인지 깨닫고자 하는 자세와 마음으로 기도해야 한다.

기도가 낯선 어린 자녀에게는 기도가 무엇인지 먼저 알려주고, 이어서 기도하는 자세와 기도의 내용, 그리고 기도하는 법 등을 설명하는 것이 우선 필요하다. 기도할 때는 단순하면서도 간단하게, 수식어를 많이 사용하지 않아도 된다는 것을 깨우쳐주자.

기도가 익숙해진 다음에는 의미 없는 말을 하거나 같은 내용이 반복되지 않도록 하는 등, 주의해야 할 점은 차츰 알려주는 것이 좋다. 소리 내어 기도하는 것을 어려워하는 자녀에게는 일정한 기간 동안 큐티(QT)와 같이 개인 묵상으로 기도하는 법을 가르쳐줄 수도 있다. 자녀의 연령과 수준에 따라 교육 내용을 적절히 조절할 수 있는 것이다.

{ 적용 3 : 성경 읽기를 시작하라 }

성경은 인생 항로의 나침반이자, 인생이 마땅히 가야 할 길을 알려주는 내비게이션이다. 죄의 바다에서 허우적거리며 영원히 멸망할 인생이 구원받을 소망이 담긴 유일한 방주다. 그러나 많은 사람들이 이런 성경을 하나의 오래된 책인 양, 좋은 기록이 담겨 있는 책 중의 하나로 생각하고 있다. 이것은 성경을 전혀 알지 못하고 하는 생각이다.

성경은 하나님의 책이다. 성경에는 오늘날 우리 사회에서 일어나고 있는 각종 이념과 사조의 문제, 가치관의 문제, 경제관의 문제, 윤리·도덕의 문제, 가정과 행복관의 문제 등 인간사의 모든 문제들에 대한 근본 해결책이 상세히 담겨 있다. 이 사실을 모르거나, 알고 있더라도 외면한 채 살아가는 많은 사람들은 성경 이외의 다른 곳에서 인간적인 방법으로 해법을 찾으려고 동분서주하고 있다.

사회 모든 곳에 깊숙이 뿌리내리고 있는 각종 문제들은 우리의 자녀들이 장차 맞닥뜨려야 할 미래다. 부모는 자녀에게 그 문제들을 해결할 지혜와 방법이 성경에 있다는 것을 알려 주어야 한다. 그것은 부모와 자녀가 함께 성경을 읽고, 함께 성경을 연구할 때 가능하다.

성경이 자녀들의 길잡이가 되고, 자녀들이 성경적 가치관으로 살아가고, 성경 말씀으로 자녀들의 인격이 형성되도록, 부모들은 사랑과 지혜와 인내를 자녀들에게 쏟아 부어야 한다. 그렇게 하기 위해 부모가 먼저 성경을 읽고 연구하는 일에 본을 보이고, 자녀들에게 길잡이가 되어야 한다. 그리하여 사랑하는 자녀가 세상에 속한 사람에서 하나님의 온전한 사람으로 변화되게 하고, 죄로 멸망할 자리에서 영생의 길로 방향을 바꾸게 하고, 불행의 늪에서 행복의 초원으로 들어가게 해야 한다.

성경 읽기에서 중요한 것은 성경을 매일 꾸준히 읽는 것이다. 하루에 한 절이라도 읽고 묵상하도록 해야 한다. 성경을 조금씩이라도 읽으면서 하나님의 뜻을 깨닫고, 성경 속으로 한 발 한 발 깊이 들어가는 것이다.

성경 말씀이 처음엔 잘 이해되지 않을 수 있다. 한경직 목사님도 성경을 읽다가 이해되지 않는 부분이 있으면 그 부분은 접어두고, 기도하며 계속 읽어 나갔다고 한다. 그렇게 하다 보면 언젠가는 이해되지 않았던 말씀이 깨달아질 때가 온다고 하셨다. 우리 자녀들도 연령이 더해가고 삶의 경륜이 쌓일수록 인생의 비밀을 깨닫게 될 것이고, 더불어 성경을 이해할 수 있는 영적 지혜도 생겨날 것이다.

자녀에게 성경 읽기와 함께 성경의 의미를 가르치는 일도 필요하다. 성경 말씀의 뜻을 가르치는 일은 단순하게 성경 읽기를 가르치는 일에 비해 더 주의가 필요하다. 자칫 성경을 잘못 해석할 수 있고, 너무 어려우면 성경 자체에 흥미를 잃게 할 수 있기 때문이다.

성경을 읽게 하고 성경 말씀의 뜻을 바르게 가르치려 할 때 주의할 점이 몇 가지 있다.

첫째, 성경 말씀이 생활화되도록 가르쳐야 한다.

자녀들이 성경을 배운 후에, 말씀은 말씀이고 생활은 생활이라는 식으로 성경과 생활을 별개의 개념으로 생각하도록 해서는 안 된다. 기독교인이 세상 사람에게 손가락질을 당하는 이유는 성경 말씀대로 살지 않기 때문이다. 그러므로 성경이 또 하나의 좋은 지식거리로 전락되지 않도록, 절대불변의 진리인 성경 말씀의 가르침을 생활 속에서 행동으로 표현해야 한다는 점을 가르쳐야 한다.

예수 그리스도를 믿지 않는 사람들 중에도 성경을 아는 사람은 많다. 그러나 그들은 머리로만 성경을 알며, 성경을 세상의 많은 지혜들 중 하나로만 여긴다. 자연히 성경의 가르침은 그들의 생활에 적용되지 않는다. 하나님은 성경을 머리로만 알라고 주신 것이 아니다. 성경의 가르침을 생활에서 살아내도록 하라고 주셨다. 성경이 믿는 자에게 생활이 되어야 한다는 것을 자녀에게 분명히 가르쳐야 한다.

둘째, 성경 말씀을 균형 있게 가르쳐야 한다.

성경을 추상적으로, 또는 구체성 없는 개괄적인 개념으로만 가르쳐서는 안 된다. 반대로 전체 의미를 상실한 채 일부분만 강조해서도 안 된다. 성경은 가급적 총론이 아닌 각론으로, 개념적인 것만 아니라 구체적으로, 부분만 편파적으로 강조

부모가 가는 길로 자녀도 간다

하는 것이 아니라 말씀 전체의 의미와 강조점을 균형있게 가르쳐야 한다. 예수님도 비유를 들어 말씀하신 후에는 제자들이 바로 이해하도록 그 뜻을 풀어 설명하셨다.

셋째, 성경의 한쪽 면만 가르칠 것이 아니라 양쪽 면을 모두 정확하게 가르쳐야 한다.

하나님이 원하시고 명령하시는 것을 가르쳤으면, 하나님이 금하시고 책망하시는 것도 가르쳐야 한다. 예를 들어 하나님은 사랑과 자비의 원천이시지만, 또한 공의와 심판의 하나님이심을 가르쳐야 한다. 성경을 많이 읽었다는 사람들 중에 성경을 편협하게 해석하거나 독선적인 경향을 띠는 이들이 적지 않다. 대부분 성경의 한쪽 면에 집중했기 때문이다.

넷째, 용어 선택에 신경을 써야 한다.

부모는 성경을 가르쳤는데 자녀의 기억에 남는 것이 없을 때가 있다. 부모는 어떤 부분을 강조했는데, 자녀는 그 강조가 지나치게 추상적이고 개념적이어서 어떻게 이해하고 삶에 적용할지 어려워하는 경우이다. 어린 자녀들이 성경의 용어와 어휘에 익숙하지 못하기 때문이거나, 부모 세대가 이해하는 개념과 사용해온 용어를 그대로 말했기 때문이다.

부모세대가 주로 사용하는 기독교 용어로는 은혜, 은총, 구속, 속죄, 거룩, 말세, 소망, 계시, 축복, 심판, 회개 등이 있다. 이 용어들은 모두 한자어로서 어른들은 다 알 것 같지만, 솔직히 어른이라도 모두 분명하게 이해하는 것도 아니다. 그러므로 부모들은 자녀들이 쉽게 이해할 수 있도록 이런 용어들을 성경의 의미에 맞게 쉽게 풀어주어야 한다.

다섯째, 기독교는 기복신앙이 아님을 가르쳐야 한다.
기독교를 믿는다고 하는 많은 이들이 기껏해야 예수 믿으면 천당 가고 현세의 복을 누리며, 심지어 예수를 소원 성취의 수단 정도로 오해하기도 한다. 그러나 기독교는 하나님과 그분의 뜻을 추구하는 고등종교이지, 자신의 형통과 소원성취, 무병장수, 입신양명 등을 목적으로 여기는 기복신앙이 아니다. 주술적인 무속신앙은 더더욱 아니다.

기독교 신앙은 예수 그리스도의 정신과 교훈으로 생각하고 말하며 행동으로 실천하는 생활이다. 따라서 부모는 자녀에게 올바른 기독교 신앙생활의 모습을 먼저 보여줄 필요가 있다. 동시에 성경 말씀을 바로 가르쳐 자녀에게 성경 말씀이 인생의 목적이 되고, 생활의 지침이 되고, 인격형성과 가치관의 근간이 되도록 해야 한다.

성경 말씀을 가르치려면 일정한 순서나 커리큘럼을 짜는 것도 효과적이다. 그렇지 않으면 성경공부에 흥미가 떨어질

뿐더러 지속하기도 어렵다. 성경공부의 순서나 커리큘럼을 세울 때 참고할 방법을 몇 가지 제시한다.

△ 중요한 구절의 의미를 설명하고 암기하게 한다.

△ 성경의 중요한 인물을 공부한다.

△ 십계명을 한 계명씩 해석하고 토론한다.

△ 성경을 주제별로 읽은 후 서로의 생각을 나누고 토론한다.

△ 성경 내용을 주요 사건별로 연구하고 분석하며, 사건이 주는 교훈적 의미를 정리한다.

△ 성경의 책별 개요, 중심사건, 중심인물, 핵심사상과 교훈 등을 정리한다.

△ 예수님께서 사용하신 비유의 의미를 공부한다.

△ 성경지리, 역사적 사건의 의미, 시대적 배경과 문화 등을 연구한다.

또 어려서부터 성경을 알았나니 성경은 능히 너로 하여금 그리스도 예수 안에 있는 믿음으로 말미암아 구원에 이르는 지혜가 있게 하느니라 _딤전 3:15

{ 적용 4 : 찬양을 시작하라 }

찬양(찬송 또는 찬미)은 우리가 하나님 앞에 나아갈 때 여호와를 높이며 감사하며 송축하는 행위이다. 또한 그의 영광을 소리 높여 만천하에 알리며 선포하는 예배의 한 행위이다.

> ¹온 땅이여 여호와께 즐거운 찬송을 부를지어다 ²기쁨으로 여호와를 섬기며 노래하면서 그의 앞에 나아갈지어다 ³여호와가 우리 하나님이신 줄 너희는 알지어다 그는 우리를 지으신 이요 우리는 그의 것이니 그의 백성이요 그의 기르시는 양이로다 ⁴감사함으로 그의 문에 들어가며 찬송함으로 그의 궁정에 들어가서 그에게 감사하며 그의 이름을 송축할지어다 _시 100:1-4

우리는 찬양으로 하나님께 경배하며 영광을 돌릴 수 있다. 찬양으로 기도할 수 있으며 마음을 고백할 수 있다. 찬양으로 그분의 선하심과 인자하심을 간구할 수도 있다. 우리는 특히 고난 속에서 찬송을 부를 때 마음에 위로와 용기를 얻게 된다. 찬양을 통해 절망 속에서 희망의 빛을 보고 소망과 안위를 가질 수 있게 되는 것이다. 하나님의 전능하심을 믿으며, 나의 간구와 고백을 응답하여 주실 것을 확신하며 찬송을 부른다면, 우리는 믿음의 환희 속에서 기쁨과 감사의 삶을 살아갈 수 있다. 찬양은 이처럼 믿는 자들에게 허락된 놀라운 특권이고 감사의 제목이다.

부모는 자녀에게 이런 찬양을 가르쳐야 한다. 자녀에게 여호와를 찬양하는 것이 얼마나 기쁘고 소중한 일인지 알게 하고, 예배의 한 행위로서 찬양이 필수임을 알게 하며, 신앙생활에서 반드시 있어야 할 요소임을 깨우쳐야 한다. 그럴 때 자녀들은 찬양을 통해 안정을 얻고, 신앙적으로 크게 성장할 것이다.

우리는 많은 이들이 돌아가신 부모님이 즐겨 부르던 찬양을 애창하는 것을 보게 된다. 부모가 찬양하는 모습이 자녀에게 그대로 본이 되었기 때문이다. 따라서 부모는 자녀에게 찬양을 가르칠 뿐 아니라, 먼저 찬양을 부르는 본을 보여야 한다. 감사할 때도 찬양을 부르지만, 삶이 힘들 때도 찬양을 부르는 모습을 자녀들이 볼 수 있게 해야 한다.

찬양을 가까이 하는 또 다른 방법은 오디오나 인터넷을 통해 찬양을 자주 듣는 것이다. 주일 아침에 일어나자마자 찬양 CD를 트는 것 하나만으로 집안의 영적 분위기가 달라지는 것을 느낄 수 있을 것이다.

훈계와 용서와 칭찬과 축복

훈계를 하나의 장으로 구분한 이유는, 자녀교육에서 훈계가
매우 중요하기 때문이다. 성경 잠언에는 자녀 훈계에 대한 말
씀이 여러 군데 기록돼 있다.

> 훈계를 굳게 잡아 놓치지 말고 지키라 이것이 네 생명이니라
>
> _잠 4:13

> 훈계를 지키는 자는 생명 길로 행하여도 징계를 버리는 자는 그릇
>
> 가느니라 _잠 10:17

> 아이를 훈계하지 아니하려고 하지 말라 채찍으로 그를 때릴지라

도 그가 죽지 아니하리라 네가 그를 채찍으로 때리면 그의 영혼을
스올에서 구원하리라 _잠 23:13,14

자녀를 키우다보면 벌을 주고 훈계해야 할 때가 있다. 그럴
때에도 부모는 자녀가 사랑을 느낄 수 있도록 해야 한다. 그
래야 자녀는 부모가 자신을 미워해서가 아니라 사랑해서 벌
을 준다는 사실을 알게 되고, 벌과 훈계를 달게 받는다.

훈계는 사랑과 다르지 않다. 사랑의 한 표현이다. 자녀가
올바르게 자라고 바른 인격을 갖추며 사회 구성원으로 바르
게 성장하게 하기 위해서는 잘못된 행동 방식을 바로잡아 주
어야 하기 때문이다. 잘못을 저질렀을 때는 꾸중을 듣게 하
고, 잘했을 때는 칭찬해주어야 한다. 그래야 옳고 그른 것을
분별하고 행동의 한계를 알게 되고, 사회 구성원으로서 행복
하게 살아갈 수 있다.

잠언의 말씀처럼 훈계가 없으면 자녀가 방종하게 된다. 제
마음대로 사는 사람은 오래가지 못해 제풀에 넘어진다. 타인
으로부터 손가락질을 당하게 되고, 결과적으로 자신이 불행
해진다. 따라서 어린 시절부터 자녀에게 옳고 그른 가치관
을 가르치고, 잘못된 행동은 그때마다 바로잡아 주어야 한다.

{ 언제 훈계해야 하는가? }

"세 살 버릇 여든까지 간다"는 속담이 있다. 유아기 때의 교육이 얼마나 중요한지를 나타내는 말이다. 훈계는 나이가 들어서도 받을 수 있지만, 효과 측면에서 가장 좋은 때는 사실 유아기이다. 유아기는 인격과 습관이 형성되는 시기인 탓이다. 또한 부모를 전적으로 의지하고, 부모의 가르침을 그대로 받아들이는 때이기도 하다. 부모가 무엇을 원하는지를 알면 그대로 순종한다.

이 시기에는 옳고 그른 것을 분명히 가르치고, 잘못을 했을 때 적절한 꾸중과 벌을 받도록 해야 한다. 이 시기에 몸에 배게 해야 할 몇 가지 중요한 습관과 훈련이 있다.

첫째, 도덕에 대한 가르침이다.

남을 속이거나 거짓말 하지 않기, 남의 물건을 훔치지 않기, 남을 업신여기거나 방해하지 않기, 불쌍하고 약한 사람을 조롱하지 않기, 어려운 사람 도와주기, 쓰레기를 아무 데나 버리지 않기, 친구들과 싸우지 말고 사이좋게 지내기 등이다. 유아 시기에 배운 도덕적 습관은 평생을 간다.

둘째, 예절 습관이다.

어른에게 공손한 태도로 인사하기, 고마운 일을 겪었을 때는

부모가 가는 길로 자녀도 간다

'감사합니다'라고 인사하고 잘못했을 때는 '죄송합니다'라고 말하기, 어른의 말에 '예'라고 대답하고 순종하기 등 예의바른 행동과 말을 몸에 배게 해주어야 한다.

셋째, 건강 습관이다.
일찍 자고 일찍 일어나는 습관, 외출하고 돌아왔을 때 손을 씻는 습관, 편식하지 않는 습관, 양치를 자주 하는 습관, 몸을 청결하게 하는 습관 등을 가르치면 평생 건강을 유지하는 데 도움이 된다.

{ 훈계하는 방법 }

훈계를 할 때도 지혜가 필요하다. 성경에서 훈계를 하라고 했다고 무턱대고 아이를 붙잡아 놓고 훈계하려 들거나 바로 매를 들어서는 안 된다. 잘못된 훈계는 오히려 역효과를 낳을 수 있다.

첫째, 훈계를 할 때는 자녀가 부모의 체온을 먼저 느끼게 하는 것이 중요하다.
유아기 아이는 부모의 무릎에 앉혀 놓고 부드럽게 타이르면 더 효과적이다. 조금 큰 아이는 손을 잡고 머리를 쓰다듬으면서 친절한 말로 잘못을 일깨울 수 있다. 부모의 체온을 느낄 때, 자녀는 자신의 잘못을 제대로 깨닫고 잘못을 반복하지 않게 된다.

둘째, 신중하게 판단해야 한다.

자녀가 무엇을 잘못했는지, 왜 그랬는지 이유나 배경을 생각하지 않고 무턱대고 꾸짖어서는 안 된다. 훈계를 할 때 감정을 조절하지 못하는 부모도 있다. 그럴 경우 자녀들은 무엇 때문에 꾸중을 듣는지 깨닫기보다 부모에 대한 미움과 열등감을 갖기 쉽다. 훈계를 할 때도 반드시 부모의 사랑을 느끼게 해주어야 한다.

셋째, 싸잡아서 꾸중해서는 안 된다.

한 가지 잘못에는 한 가지 훈계가 필요하다. 작은 잘못을 가지고 전체를 들먹여서는 안 된다. 예를 들어 방을 어지럽힌 자녀에게 "너는 아무짝에도 쓸모없다"는 심한 말로 인격 전체를 매도해서는 안 된다.

넷째, 공평해야 한다.

자녀를 편애하는 것과 마찬가지로, 자녀를 훈계할 때 공평하지 못한 부모가 있다. 공부를 잘 한다는 이유로, 형이라는 이유로, 부모의 말을 잘 따른다는 이유로 특정 자녀를 편애해서는 안 되는 것처럼, 훈계할 때도 공평한 잣대를 가져야 한다. 형제가 같이 치고받고 싸웠는데, 한 쪽만 꾸짖으면 안 되는 것이다. 일방적으로 꾸지람을 들은 아이는 열등감을 느끼고 억울하다는 생각에 반항심을 갖게 된다.

{ 체벌이 사랑의 표현이 되게 하려면 }

올바른 체벌은 자녀에 대한 사랑의 표현이다. 부모가 자신을 사랑하는 것을 알기 때문에, 자녀는 다른 사람의 체벌보다 부모의 체벌을 통해 자신의 잘못을 더 잘 깨닫게 된다.

또한 올바른 체벌은 자녀들이 죄의 구속에서 벗어날 수 있게 해준다. 잘못을 저지른 후에 그것을 제대로 풀지 못해서 속으로 끙끙 앓는 경우가 많은데, 부모의 적절한 체벌로 마음에 자유를 얻을 수 있다.

체벌에서 유의해야 할 점이 있다. 체벌이 지나쳐선 안 된다는 것이다. 가혹한 체벌은 일시적인 효과는 볼 수 있을지 몰라도, 아이의 마음속까지 교정하지 못한다. 도리어 아이에게 반발심과 증오심과 복수심을 갖게 한다.

체벌은 학대와도 다르다. 체벌이라는 이름으로 아이를 여러 시간 동안 옷장에 가두거나, 모욕적인 말을 퍼붓거나, 길에 혼자 내버려 두거나, 뼈나 근육이 상하도록 심하게 때려서는 안 된다.

아이에게 전적으로 무관심하거나, 무슨 일을 하든 내버려두는 방임도 아이를 학대하는 것이다. 부모들 가운데 자녀를 자유롭게 해준다는 생각으로 자녀가 무슨 일을 하든 상관하지 않는 경우가 있는데, 이는 자유가 아니라 방임이다. 이런 방임은 폭력 못지않게 자녀를 학대하는 것이다.

{ 근실히 훈계하기 }

자녀를 훈계하는 것은 쉽지 않은 일이다. 자칫 잘못 징계할 경우 역효과를 낳을 수 있다. 성경에서는 훈계를 할 때 '근실히' 하라고 했다.

> 매를 아끼는 자는 그의 자식을 미워함이라 자식을 사랑하는 자는 근실히 징계하느니라 _잠 13:24

'근실히'(勤實-)는 '부지런하고 진실하게'라는 뜻이다. 훈계를 할 때 '부지런하고'라는 말은 '빠른 시간 내에'라고 풀이할 수 있다. 훈계는 적절한 때에 해야 효과가 있는데, 적절한 때란 바로 자녀가 잘못을 저지른 직후다. 잘못을 한 지 한참

부모가 가는 길로 자녀도 간다

지나, 자기가 무슨 잘못을 했는지 기억조차 못하는 때에 징계하면 잘못을 들추어내는 일밖에 안 된다. 자녀의 잘못을 바로잡고자 한다면 그 잘못을 했을 때 바로 훈계해야 효과적이다.

'진실하게'는 부모가 분명한 기준을 가져야 한다는 말로 적용할 수 있다. 훈계할 때 부모가 명확하고 일관된 원칙이 있어야 한다는 뜻이다. 형제가 똑같은 잘못을 했는데 형은 벌을 주고 동생은 주지 않거나, 어떤 때는 매를 들고 어떤 때는 못 본 체 넘어가선 안 되는 것이다. 이런 원칙이 없으면 자녀들은 혼란스럽게 되고, 부모의 원칙 없음에 실망한다. 명확하고 일관된 원칙 없이 훈계할 경우 자녀들은 자신의 행동을 고치는 데 신경을 쓰는 것이 아니라, 어떻게든 훈계를 피하는 데만 관심을 쏟는다.

훈계의 목적은 벌을 주기 위함이 아니다. 자녀가 올바른 행동 습관을 갖도록 하기 위한 것이다. 부모가 훈계에 대한 기준을 분명하게 가지고 있지 않다면, 그 훈계는 이미 목적을 상실했다.

{ 용서하기 }

많은 부모가 자녀를 징계할 때 자녀가 범한 잘못에만 집착할 때가 많다. 그러다보면 잘못을 범한 자녀를 비난하게 되고,

훈계의 수위를 조절하지 못하기도 한다. 그런 징계는 역효과를 낳을 수 있다. 자녀는 겉으로 반성할지 몰라도, 마음속에 반항심을 품고 자신에 대해선 좌절감을 느낀다.

예수님은 간음하다 현장에서 잡혀온 여인에게 "나도 너를 정죄하지 아니하노니 가서 다시는 죄를 범하지 말라"(요 8:11)고 부드럽지만 엄하게 말씀하셨다. 용서를 겸한 예수님의 훈계는 놀라운 결과를 가져왔다.

자녀를 훈계하는 일에는 지혜가 필요하다. 자녀들은 자신이 저지른 잘못에 대해 부모가 관대하게 대할 때 사랑을 느낀다. 자녀는 훈계를 받으면서도 사랑을 느낄 수 있어야 하기 때문이다. 단, 사랑을 느끼게 하라는 말이 자녀의 잘못을 모른 체 넘어가거나 편을 들라는 말은 아니다. 예수님이 그 여인에게 하신 것처럼 용서는 하되, 잘못에 대해선 분명하게 지적할 필요가 있다. 그럴 때 제대로 된 반성을 할 수 있다.

{ 칭찬과 축복 }

자녀교육에 훈계가 필요한 만큼, 자녀를 칭찬하고 축복하는 일 또한 필요하다. 사람은 칭찬을 들으면 뇌에서 도파민이라는 신경물질이 분비돼 쾌감을 느낀다고 한다. 그래서 칭찬은 자녀를 건강하게 만든다. 반대로 꾸중과 체벌을 당하고 정서

부모가 가는 길로 자녀도 간다

적으로 학대를 받는 아이는 마음이 늘 불안하고 정서적으로 위축돼 각종 질병에 걸리기 쉽다.

칭찬은 또 다른 칭찬을 낳는다. 부모로부터 칭찬을 받으며 자란 아이는 기꺼이 다른 사람을 칭찬할 줄 안다. 어린 시절부터 칭찬을 많이 듣고 자란 아이는 자신이 선을 행하는 사람이 될 줄 스스로 믿고 기대하게 된다.

부모는 자녀를 칭찬하는 것과 더불어 자녀를 축복해야 한다. 자녀에게 복을 주십사 하고 기도하는 일은 부모가 자녀에게 줄 수 있는 최고의 선물이다. 축복은 하나님께서 부모에게 허락하신 특권이요, 거룩한 사명이다. 하나님은 우리에게 자녀를 축복하라고 말씀하셨다.

22여호와께서 모세에게 말씀하여 이르시되 23아론과 그의 아들들에게 말하여 이르기를 너희는 이스라엘 자손을 위하여 이렇게 축복하여 이르되 24여호와는 네게 복을 주시고 너를 지키시기를 원하며 25여호와는 그의 얼굴을 네게 비추사 은혜 베푸시기를 원하며 26여호와는 그 얼굴을 네게로 향하여 드사 평강 주시기를 원하노라 할지니라 하라 27그들은 이같이 내 이름으로 이스라엘 자손에게 축복할지니 내가 그들에게 복을 주리라 _민 6:22-27

축복은 칭찬과 마찬가지로 새로운 축복을 낳는다. 부모로부터 축복을 받은 자녀는 다른 사람들을 축복하고 복되게 한다. 축복은 깨어진 인간관계를 회복시키고 행복을 가져온다.

　칭찬과 축복은 비용을 들이지 않고도 할 수 있는 일이다. 자녀를 사랑하는 부모라면 마다할 이유가 없고, 실천하지 못하겠다고 변명할 이유도 못된다.

> 마땅히 행할 길을 아이에게 가르치라 그리하면 늙어도 그것을 떠나지 아니하리라 _잠 22:6

10

자녀를 교육할 때 주의할 것들

훈계와 잔소리, 징계와 비난은 구별돼야 한다. 훈계와 징계
는 사랑을 전제로 하지만 잔소리와 비난은 인격을 존중하지
않는 행위다. 자녀들은 부모로부터 잔소리와 꾸중을 많이 들
을 때 낙심하고, 거기에 더해 비난을 받을 때면 마음이 더 무
너진다. 자라는 동안 부모로부터 늘 비난을 받은 자녀는 자신
에 대해 긍정적인 생각을 하지 못하고, 매사에 자신감을 갖
지 못한다.

　물론 자녀가 잘못했을 때는 마땅히 잘못한 일을 알려주고
꾸중해야 한다. 그러나 꾸중의 정도가 지나치거나, 한 가지
잘못을 가지고 끊임없이 잔소리를 하면 도리어 악영향을 끼
친다. 부모의 입장에서는 그 같은 잘못을 반복하지 않기를 바

라는 마음에서 그러는 것이겠지만, 방법이 지혜롭지 못하면 역효과를 낸다.

부모로부터 질책과 비웃음을 당할 때도 자녀들은 낙담한다. 부모는 세상 모든 사람들이 손가락질을 해도 자기 자녀를 감싸주어야 하는 존재다. 그런 부모가 자신을 향해 손가락질하고 비웃을 때, 자녀는 마음에 깊은 상처를 입는다. 가장 가까운 사람이기에 상처가 더 큰 것이다.

지나친 간섭도 피해야 한다. 특별히 사춘기 자녀들은 스스로 다 자랐다고 생각하기 때문에 부모의 간섭이 지나치면 외면하고 반항한다. 부모로서는 자녀가 실수하고 실패하는 것이 안타까워 간섭하는 것이지만, 일일이 간섭하려 들면 자녀는 고마워하기보다 자기가 하는 일에 자신감을 잃거나 반항심을 갖게 된다.

자녀들은 지나친 잔소리와 간섭 못지않게 부모가 자신에 대해 무관심할 때 낙심한다. 유치원에서 근무하는 교사들에 따르면, 상처가 났을 때 유난히 아프다고 호소하는 아이들이 있다고 한다. 그런 아이들 중 상당수는 오랜 시간 부모와 떨어져 있거나, 부모로부터 제대로 된 관심을 받지 못한 경우라고 한다.

자녀들이 통증을 호소하거나 도움을 요청할 때 부모가 관심을 보이지 않으면 자녀들은 마음에 상처를 입는다. 자녀가 아프다고 호소하면 부모는 일단 관심을 보이고 기도해주거나, 잘 낳을 거라고 위로해주어야 한다. 일단 자녀가 무엇을 원하는지 파악한 후 그것에 관심을 보여주고, 혼자 힘으로 할 수 있는 일이라면 혼자 감당할 수 있다고 격려하는 것이 필요하다.

{ 편애와 비교 }

어떤 자녀가 부모로부터 편애를 받을 때, 다른 자녀들은 그로 인해 마음에 상처를 입고 미워하는 마음이 생긴다. 성경 속 요셉이 대표적으로 편애를 받는 자녀였다. 아버지 야곱은 노년에 낳은 아들 요셉을 다른 아들들보다 사랑해서 요셉에게 아리따운 채색 옷을 지어 입혔다. 요셉의 형들은 아버지가 자신들보다 요셉을 더 사랑하는 것을 보고 요셉을 미워했고, 요셉에게 편안하게 말할 수도 없었다. 요셉을 향한 미움은 결국 형제 요셉을 미디안 상인에게 노예로 파는 죄를 낳게 했다.

편애와 더불어 주의해야 할 것은 비교다.

"네 형은 공부를 잘하는데, 너는 왜 그 모양이냐?"

"너는 그림을 동생만큼도 못 그리는구나."

"옆집 민석이는 이번 시험에서 100점을 받았더라. 너는 공부를 하긴 하니?"

부모는 아무 생각 없이 가볍게 한 말일지 모르지만, 비교를 당하는 자녀는 낙담하고, 부모가 과연 자신을 사랑하는지 의심하게 된다. 입장을 바꿔보면 간단하다. 자녀가 자신의 부모와 다른 집 부모를 비교하면 기분이 어떨까? 자녀는 비교의 대상의 아니라 그 자체로 고유하고 존중받을 존재다.

{ 분노와 순종 }

우리는 하나님의 말씀을 실천하지 않을 때가 참 많다. 자녀교육에서도 마찬가지다. 성경에서는 분명히 자녀의 마음에 분노와 상처를 만들지 말라고 했다. 부모가 분노한 결과 자녀는 낙심하게 된다고 경고하고 있지만, 우리는 너무나도 쉽게 이 말씀을 무시한다.

> 또 아비들아 너희 자녀를 노엽게 하지 말고 오직 주의 교훈과 훈계로 양육하라 _엡 6:4

> 아비들아 너희 자녀를 노엽게 하지 말지니 낙심할까 함이라 _골 3:21

성경에는 아버지가 아들에게 분노를 쏟아내는 장면이 한 군데 나온다. 이스라엘의 초대 왕 사울과 아들 요나단의 이야기다. 다윗에게 질투를 느낀 사울은 요나단으로부터 다윗이 자신 몰래 도망쳤다는 이야기를 듣고 요나단에게 분노를 쏟아낸다.

> 30사울이 요나단에게 화를 내며 그에게 이르되 패역무도한 계집의 소생아 네가 이새의 아들을 택한 것이 네 수치와 네 어미의 벌거벗은 수치 됨을 내가 어찌 알지 못하랴 31이새의 아들이 땅에 사는 동안은 너와 네 나라가 든든히 서지 못하리라 그런즉 이제 사람을 보내어 그를 내게로 끌어 오라 그는 죽어야 할 자이니라 한지라
>
> _삼상 20:30,31

사울은 심지어 단창을 던져 요나단을 죽이고자 했다. 사울의 분노는 아들 요나단에게 큰 상처가 됐음에 틀림이 없다. 요나단 역시 심히 노하여 식탁을 떠났고, 그 달의 둘째 날에는 식음을 전폐하며 슬퍼했다.

사울만큼이나 자녀에게 분노를 쏟아내는 부모가 요즘에도 있다. 분노는 부모 자신에게 우선 해가 되지만, 당연히 자녀들에게도 해가 된다. 부모로 인해 마음이 격노하고 낙심한 자녀는 부모에게 순종하지 않는다. 특히 어릴 때 부모의 분노로 받은 상처는 오랜 시간 자녀의 인생에 걸림돌이 된다.

{ 과잉보호와 응석받이 }

결혼 적령기의 남자와 여자들이 이성에게 질색하는 모습 가운데 늘 빠지지 않는 것이 이른바 '마마보이'와 '마마걸'이다. 자신의 생각과 판단은 뒷전이고, 엄마의 말과 지시에 의존하는 남자와 여자를 일컫는 말이다. 몸은 성인이지만 행동은 아이인, 성인아이의 전형적인 모습이다.

마마보이와 마마걸이 된 것의 책임은 자녀보다 먼저 부모에게 있다. 자녀가 어릴 때부터 부모가 지나치게 도와주면 자녀는 스스로 처리하고 판단할 수 있는 기회를 잃어버린다. 자녀 입장에서는 어릴 때부터 부모가 모든 것을 판단해주고 간섭하다보니 나이가 들어서도 부모의 판단에 의지하는 습관이 든 것이다. 부모로서는 자녀를 사랑하는 마음에서 자녀를 도와준 것이지만, 결과는 자녀를 망치는 꼴이 된다.

사람은 육체가 성장하는 것처럼 정신도 성장해야 한다. 남의 도움 없이도 스스로 판단하고, 계획하고, 행동하고, 책임질 수 있어야 한다. 물론 한순간에 그렇게 되는 것은 아니다. 어릴 때부터 연습과 시행착오를 통해 자연스레 몸에 배는 것이다.

그러므로 부모는 자녀를 지나치게 도와주는 것을 삼가고, 비록 미숙해보일지라도 자녀가 할 수 있는 일은 스스로 하게 하는 습관을 들여야 한다. 몸을 씻고 옷을 갈아입고 책가방을 정리하고 준비물을 사는 일 정도는 나이가 어려도 혼자 할 수 있다. 처음 몇 번은 부모가 도와줄 수 있지만, 언제까지 부모가 계속 해줄 것인가? 자녀는 언젠가는 부모 품을 떠나 독립적으로 세상을 살아가야 한다. 자녀가 할 수 있는 일은 자녀의 몫으로 남겨두어야 한다.

과잉보호처럼 자녀를 자기중심적인 사람으로 만드는 경우가 또 있다. 형제가 적거나 아예 없는 경우다. 요즘은 자녀를 한 명만 두는 가정이 늘다보니 과거에 비해 자녀를 응석받이로 키우는 경우가 많아지고 있다. 유아기에 응석받이로 자란 아이는 자라면서 철저하게 자기중심적인 사람이 된다. 어렸을 때부터 자기가 하고 싶은 일을 다 했고, 갖고 싶은 것은 다 가졌기 때문이다. 이런 아이들은 나이가 들어서도 자기 욕구를 참지 못하고 조절하지 못한다. 욕구를 참지 못하기 때문에 도덕과 관습은 물론 법의 제약까지 거부할 수 있다. 무엇을 갖고 싶으면 도둑질을 해서라도 손에 쥐고자 할지도 모른다. 이런 아이들은 참는 힘이 적기 때문에 무엇에 실패할 경우 제기할 용기를 갖기 어렵다.

미국 휴스턴 경찰국이 발표했다는 '자녀들을 타락시키는 10가지 방법'은 과잉보호와 응석받이의 폐해를 여실히 드러내고 있다.

① 아이가 갖고 싶어 하는 것은 무엇이든지 주어라. 아이는 세상 모든 것이 자기 것이라고 오해하면서 자랄 것이다.

② 아이가 나쁜 말을 쓰면 그냥 웃어 넘겨라. 자기가 재치 있는 줄 알고 더욱 나쁜 말을 할 것이다.

③ 어떤 영적 훈련과 교육도 하지 말아라. 크면 자기가 알아서 할 것이라고 내버려두어라.

④ 잘못된 행동을 책망하지 말고 내버려두어라. 다음에 사회로부터 책망을 받게 될 것이다.

⑤ 아이가 어질러놓은 옷과 침대, 신발 등을 대신 정돈해주어라. 자기 책임을 남에게 전가하는 사람이 될 것이다.

⑥ 어떤 TV 프로그램, 서적, 그림이라도 마음대로 읽고 보게 내버려두어라. 아이 마음이 쓰레기통이 될 것이다.

⑦ 아이들 앞에서 부부나 가족들이 싸우는 모습을 자주 보여주어라. 가정이 깨져도 눈 하나 깜짝하지 않을 것이다.

⑧ 용돈을 달라는 대로 주어라. 쉽게 타락할 것이다.

⑨ 먹고 싶다는 것을 다 먹이고, 마시고 싶다는 것을 다 마시게 하고, 좋아하는 것은 다 해주어라. 한번 거절당하면 쉽게 좌절할 것이다.

⑩ 아이가 이웃과 대립되는 자세나 마음을 가질 때 언제나 아이의 편이 되어 주어라. 건전한 사회가 아이의 적이 될 것이다.

부모가 가는 길로 자녀도 간다

{ 무절제 }

한국에서는 요즘 '등골브레이커'란 말이 유행이라고 한다. 수십만 원에서 수백만 원에 이르는 고가의 옷을 사기 위해 자기 부모의 등골을 휘게 하는 것도 모자라 아예 부러뜨린다는 철없는 10대 청소년을 일컫는 말이다. 한국전쟁의 폐허 가운데서 미군 부대에서 얻어온 군복을 입고 자란 나 같은 세대에게는 격세지감이 아닐 수 없다.

한국 역사에서 요즘만큼 풍요로운 시대는 없었던 것 같다. 먹고, 마시고, 입는 일에 전혀 부족함이 없다. 요즘에는 교회 주일학교에서 간식을 줘도 받아가지 않는 아이들이 많다고 한다.

풍족한 것은 좋은데, 그 풍족함이 아이들을 망치고 있는 것은 아닌지 우려가 된다. 너무 풍족하다보니 만족을 모르고 감사를 모른다. 더구나 아이들이 받는 것들의 대부분은 자신들이 특별한 수고를 해서 얻는 것이 아니다. 부모로부터, 혹은 가족과 교회와 학교에서 거저 주어지는 것이 대부분이다. 다시 말해 땀 흘리지 않고 받은 것이다. 그러다보니 아이들은 만족할 줄 모르고, 낭비하고 사치한다. 물건을 잃어버려도 찾을 생각을 안 한다. 부모가 다시 사줄 것을 알기 때문이다.

또한 아이들은 지금 가지고 있는 것에 만족하지 않고 더 좋은 것을 원한다. 자기는 없는데 남들이 가진 것, 남들보다 더 나은 것을 가지길 바라고 부모에게 떼를 쓴다. 별다른 생각이 없는 부모들은 재정적으로 부담이 되면서도 아이들의 기를 죽이지 않겠다는 생각으로 바라는 물건을 다 사준다.

그러나 사람은 절제할 줄 알아야 한다. 아이들도 예외가 아니다. 더욱이 아이들은 성인에 비해 사리분별이 부족하고 미성숙한 만큼 더욱 절제의 훈련이 필요하다. 그런데 절제는 아이들에게 맡겨서 되는 것이 아니다. 부모가 올바른 판단으로 개입하고, 설명하고, 가르쳐야 한다. 따라서 자녀들이 원하는 것을 무조건 들어주는 것은 사랑이 아니다. 자녀들이 원하는 것이 자녀들에게 전부 필요한 것도 아니다. 그 중에는 오히려 자녀에게 독이 되는 것도 있다. 그러므로 자녀에게 지나치지 않는 법, 멈추는 법을 가르쳐야 한다. 그래야 자녀가 소중한 인생을 허비하지 않는다.

{ 죄책감과 열등감 }

자녀를 제대로 훈계해야 한다는 것은 알지만, 실제로 사랑하는 자녀를 나무라는 일이 어렵다고 말하는 부모들이 있다. 특별히 맞벌이를 하거나 몸이 불편한 자녀를 둔 부모들이 자주 그런 말을 한다.

요즘은 많은 부부들이 맞벌이를 한다. 그래서 자녀를 유치원이나 다른 사람의 손에 맡기다보니 부모들은 자연스레 자녀에게 미안한 마음이 든다. 그 때문에 자녀가 잘못을 해도 제대로 훈계하지 못한다. 자녀와 많은 시간을 가지지 못한다는 죄책감이 훈계하려는 마음을 덮어버리는 것이다. 그런 부모의 마음이 이해는 되지만, 그러나 그런 행동은 자녀에게 도움이 되지 못한다. 맞벌이 가정일수록 훈계에 대한 명확한 기준을 세우고, 부모부터 그 기준을 지키려는 의지가 필요하다. 자녀에게 부모가 부득이 맞벌이를 하게 된 이유를 알아듣게 설명하고, 부모가 맞벌이를 하는 것과 훈계는 별개의 일이라고 설명해주는 것이 좋다.

자녀가 몸이 불편하거나 정신발달에 장애가 있는 경우도 마찬가지다. 부모들은 이런 자녀에게 동정심을 갖게 되어 원칙에 따라 훈계하지 못한다. 훈계를 하면 가뜩이나 열등감을 가진 자녀에게 더 상처가 될지 모른다는 막연한 염려 때문이다. 이 경우에도 중요한 것은 부모의 의지다.

부모가 훈계에 대한 명확한 원칙을 세우고 그 원칙에 따라 자녀를 징계하면, 자녀의 열등감을 키우는 것이 아니라 도리어 감소시키는 계기가 될 수도 있다. 또한 훈계를 받는 자녀는 그 과정을 통해 자립심을 키우고, 비장애인들과 더불어 사회 구성원으로서 함께 살아갈 규칙을 배운다. 장애를 가진 자녀라고 훈계하지 않는 것은 바른 사랑이 아니다. 진정한 사랑은 훈계를 통해 자녀가 올바르게 자라도록 하는 것이다.

{ 처벌과 잔소리 }

훈계에 대해 잘못 생각하는 것 중 하나가 '훈계는 곧 처벌 또는 잔소리'라고 오해하는 것이다. 훈계와 처벌은 목적이 다르다. 훈계의 목적은 잘못을 바로잡는 데 있지만, 처벌의 목적은 잘못의 대가를 치르도록 하는 것이다. 훈계와 처벌은 마음가짐도 다르다. 훈계는 사랑을 바탕으로 하지만, 처벌은 정해진 규칙을 따른다. 때문에 같은 회초리라도 훈계와 처벌은 성격이 다르고, 자녀는 그 차이를 정확히 파악한다.

훈계는 잔소리도 아니다. 자녀를 훈계할 때 자녀가 이해하기 힘들 정도의 고성이나 기분나쁜 어투나 빠른 속도로 말해서는 안 된다. 자녀들이 이해하고 수용할 수 있는 차분한 어투와 태도로 훈계해야 한다. 지나친 잔소리는 자녀가 부모에게 벽을 쌓게 만들고, 자녀가 잘못된 행동을 돌이키는 것이 아니라 더 반항하는 빌미가 된다.

{ 자녀간의 싸움 }

자녀를 두 명 이상 키우는 부모는 자녀들이 싸울 때 고민이 많아진다. 싸움을 어떻게 말릴지, 훈계는 어떻게 할지, 체벌은 어느 정도로 할지 등 여러 가지가 고민이다.

먼저 알아야 할 것은, 자녀들이 싸우는 것을 그리 부정적으로 볼 필요가 없다는 것이다. 자녀들은 싸움을 통해 서로 다른 의견을 조정하고, 자신의 주장을 양보하고 서로를 존중하는 법을 배운다. 미성숙하지만 싸움을 통해 사회성을 배우고 성숙해가는 것이다.

부모로서는 사실 자녀의 싸움에 어떻게 개입할지가 본질적인 고민이다. 자녀들이 말싸움을 하는 정도라면 스스로 문제를 해결할 수 있도록 내버려두는 것도 좋다. 그러나 자녀들이 욕설을 하거나 폭력을 휘두를 때는 마땅히 개입해서 말려야 한다.

이때 주의할 것이 있는데, 부모가 둘 이상의 자녀 사이에서 공평해야 한다는 것이다. 잘잘못을 가리는 질문을 하는 것도 삼가야 한다. 싸움의 당사자인 자녀들은 자기를 합리화하고 싸움의 이유를 상대방에서 찾기 마련인데, 부모의 질문이 자칫 둘 사이의 감정을 악화시킬 수 있기 때문이다.

싸움이 끝난 후에는 자녀들이 격앙됐던 감정을 가라앉히도록 충분히 시간을 두고, 부드러운 말로 반성을 유도하는 것이 바람직하다.

{ 효과적인 대화법 }

많은 이들이 어린 시절 부모에게서 들은 말로 인해 오랜 시간 상처를 안고 살아간다. "혀도 작은 지체로되 큰 것을 자랑하도다 보라 얼마나 작은 불이 얼마나 많은 나무를 태우는가 혀는 곧 불이요 불의의 세계라 혀는 우리 지체 중에서 온 몸을 더럽히고 삶의 수레바퀴를 불사르나니"(약 3:5,6)라는 말씀처럼, 말의 위력은 매우 대단하다. 특히 부모의 말은 자녀를 살리기도 하고 죽이기도 한다. 그러므로 부모들은 자녀와의 대화에서 자녀에게 용기와 희망을 주며, 격려하는 말을 해야 한다.

자녀와의 대화법으로 구체적으로 권장할 수 있는 팁 두 가지를 말하고 싶다.

첫째, 자녀의 말을 관심 있게 들어주어야 한다.
많은 청소년이 부모와 대화하지 않고 살아간다. 이것은 자녀의 문제이기에 앞서 부모가 책임져야 할 일이다. 부모는 내 자녀가 지금 어떤 생각을 하고 어떤 고민을 하며, 어디에 관심을 가지고 살아가고 있는지 귀를 기울여야 한다. 바쁘다는 핑계로, 관심사가 다르다는 핑계로 귀를 닫아서는 자녀와 대화할 수 없다.

부모가 가는 길로 자녀도 간다

둘째, 대화할 때 화를 내지 않고 말하는 법을 연습해야 한다.

많은 자녀들이 부모와의 대화를 꺼리는 이유 중 하나가 부모가 화를 잘 내기 때문이라고 한다. 화를 내고 야단치는 것은 자녀에게 훈계가 되지 않고 도리어 두려움과 반항심을 갖게 만든다.

자녀는 성장하는 중이고 인격적으로 불완전한 상태다. 그런 자녀들과 대화를 하면서 화를 내는 것은 아무런 해결책이 못된다. 화가 날 때는 대화를 잠시 멈추거나 자리를 피하는 것이 바람직하다.

[15]그런즉 너희가 어떻게 행할지를 자세히 주의하여 지혜 없는 자 같이 하지 말고 오직 지혜 있는 자 같이 하여 [16]세월을 아끼라 때가 악하니라 _엡 5:15,16

3 PART

교회와 동역하기

11

교회와 가정이 서로 협력하라

기독교 자녀교육에서 부모와 더불어 중요한 또 하나의 교육의 주체는 누굴까? 바로 교회다. 자녀는 부모의 미래인 동시에 교회의 미래이기 때문이다. 자녀세대가 제대로 세워지지 않으면 20-30년 후 교회의 미래를 장담할 수 없다. 그렇기 때문에 교회는 다음세대 교육에 중점을 두고 많은 지원과 투자를 한다. 과거에는 예배당을 지을 때 본당으로 불리는 예배 공간에 가장 중점을 뒀다면, 요즘에는 주일학교 교육공간에 본당 못지않은 신경을 쓰고 있다.

부모가 교회를 정할 때도 주일학교는 중요한 선택 요인이 된다. 주일학교 교역자와 교사는 얼마나 되며 체계적으로 운영되는지, 교육 공간은 충분히 확보돼 있는지가 교회 선택에 중요한 요인으로 작용하는 것이다. 비록 본당 예배 환경은 열악해도 주일학교 환경이 좋다면 그 교회를 선택하기를 마다하지 않는다. 한 마디로 주일학교가 자녀를 둔 부모의 교회 선택에 가장 중요한 가늠자가 되고 있는 것이다. 이 사실을 아는 교회라면 주일학교 다음세대 교육에 신경을 쓰지 않을 수 없다.

{ 주일학교와 가정의 단절 }

한국교회는 나름대로 다음세대 교육에 오랫동안 신경을 써 왔다. 그러나 그 결과는 긍정적이지 못하다. 어린 시절에 주일학교를 열심히 다녔던 많은 아이들이 성장하여 '머리가 크면' 교회를 떠난다. 어제오늘의 일이 아니다. 왜 그럴까?

많은 이유가 있겠지만, 중요한 이유 중 하나는 교회와 가정이 서로 협력하지 못하기 때문이다. 각자 나름대로는 최선을 다해 다음세대를 돌보고 있지만, 주일학교와 가정이 단절돼 시너지를 일으키지 못하고 있는 것이다.

기본적으로 방학 때 수련회에 참석하는 일을 예로 들 수 있다. 주일학교에서는 학생의 공부도 중요하지만, 방학을 이용해 하나님을 깊이 경험하는 일이 더 귀하다며 수련회 참석을 강조한다. 같은 교회에 출석하는 부모들 역시 자녀가 저학년

일 때는 주일학교의 뜻에 공감하며 자녀를 수련회에 보내기를 주저하지 않는다.

그러나 자녀가 고학년이 되고 대학 입시를 준비할 때쯤 되면 생각이 달라진다. 방학 때 학원을 다니고 공부에 집중해야 경쟁에서 이길 수 있다고 생각하며, 내심 자녀들이 수련회에 참석하지 않기를 바라거나, 아예 노골적으로 반대하기도 한다. 심지어 고3 때는 일 년 동안 교회에 출석하지 말라는 부모도 있다.

교회 나온 지 얼마 안 된 초신자들의 이야기가 아니다. 장로나 집사 같은 이른바 중직자 가정도 별반 다르지 않다. 사정이 이렇다보니 아이들로서는 혼란스럽다. 주일학교와 가정에서 말하는 것이 다르고, 부모가 교회에서 하는 말과 가정에서 하는 말이 다르기 때문에 결국 신앙에 회의를 느끼고 교회를 떠나고 만다.

{ 교회와 가정을 연계하라 }

주일학교와 가정의 단절에는 교회의 책임도 크다. 부모들이 자녀의 신앙교육을 교회 주일학교에 전적으로 의지하는 것과 비슷하게, 교회 역시 주일학교 학생들의 신앙교육을 주일학교가 전적으로 책임져야 한다고 생각하는 경향이 있다. 주

부모가 가는 길로 자녀도 간다

일학교에 탁월한 교역자와 교사들을 세우고, 프로그램을 갖추고 아이들을 잘 돌보면 아이들의 신앙이 자연스레 성장할 것이라고 생각한다. 가정은 그저 주일학교 학생들의 안전과 주거를 책임지고 신체의 성장을 돕는 곳이라고 생각하는 경우마저 있다. 대단한 오해가 아닐 수 없다.

현실적으로 아이들이 교회에 머무는 시간은 일주일에 고작 한 시간 정도다. 예배와 성경공부로 빠듯하게 진행되는 그 한 시간에 아이들이 집중하는 것도 아니다. 이런 시간의 제약 속에서 아이들이 신앙적으로 성장하리라고 기대하는 것은 말 그대로 기대일 뿐이다.

그것이 전혀 불가능하다는 말은 물론 아니다. 하나님의 은혜로 아이들이 그렇게 짧은 시간에도 변화를 체험하기도 한다. 내가 말하는 요점은 일주일에 한 시간이라는 짧은 시간에만 아이들의 신앙교육을 기대하지 말고, 아이들이 더 많은 시간을 보내는 가정에서의 신앙교육을 더 염두에 두고, 교회와 가정이 협력할 방안을 모색해야 한다는 것이다.

교회는 가정과의 연계와 협력을 주일학교 사역에서 필수적이며 본질적인 부분이라고 인식해야 한다. 그렇지 않고서는 지금까지의 패턴을 유지할 수밖에 없고, 결국 주일학교의 쇠퇴를 지켜볼 뿐이다. 교회는 하루 속히 주일학교가 아이들의 신앙교육의 전적인 책임자라는 기존의 인식을 전환하고, 또한 주일학교의 신앙교육으로 충분하다는 오해에서도 벗어나야 한다.

훈계를 굳게 잡아 놓치지 말고 지키라 이것이 네 생명이니라

_잠 4:13

부모가 가는 길로 자녀도 간다

12

교회교육 프로그램을 개발하라

많은 교회들이 주일학교가 갈수록 약해진다고 말하지만 변화는 시도하지 않는다. 교회는 끊임없이 주일학교를 살리기 위한 방안들을 연구하고 다양한 프로그램을 시도해야 한다.

교회와 가정이 협력할 수 있는 프로그램으로 우선 자녀의 발달 단계에 따른 구역(소그룹) 편성을 들 수 있다. 전통적으로 구역 편성은 지역별로 하는 것이 관례였지만, 주일학교는 이 개념을 탈피하여 자녀의 연령과 발달 단계와 연계해 구역이나 셀(cell)이라는 이름으로 어린이와 청소년의 소그룹을 편성하는 것이다. 이렇게 하면 자연스레 교회 주일학교와 구역(소그룹)과 가정이 서로 연계되고, 주일학교와 구역과 가정이 동참하는 소그룹 모임과 더불어 다양한 프로그램을 운영

할 수 있다.

주일학교 성경공부 교재도 부모가 함께 참여하는 교재로 바꿀 수 있다. 주일학교에서 끝나는 성경교육이 아니라, 가정에서 자녀가 부모와 함께 할 수 있는 교육활동을 교재에 담아, 자녀들이 주일에 배운 내용을 주중에 가정에서 실천할 수 있도록 하는 것이다. 이런 교재를 개발하기 위해 교사와 부모가 함께 연구하고 준비하는 시간을 가질 필요가 있다.

다음 장에서 소개할 '부모교실'도 교회와 가정이 협력할 수 있는 좋은 프로그램 중 하나다. 부모교실은 기본적으로 주일학교와 별개로 성경적 자녀교육을 꿈꾸는 부모들이 주도하는 모임이지만, 교회 차원에서 부모교실 프로그램 개발에 협력하고 전문 강사를 공급하며, 강의나 모임 장소를 제공하는 등 다양한 방법으로 부모교실을 도울 수 있다.

특별한 교육 세미나와 같은 행사를 열 수도 있다. 다양한 교육정보와 우수 학교 소개, 진학과 취업상담 등 부모와 자녀가 함께 관심을 가질만한 정보들을 제공하는 행사를 여는 것이다. 이런 행사는 부모들이 주일학교를 더 신뢰할 수 있는 기회가 될 수 있다.

{ 교사 교육이 활발해야 한다 }

어떤 일을 감당하기 위해서는 일정기간 교육과 훈련이 필요하다. 군인이 되려면 일정 기간 기초군사훈련을 받아야 하고, 일반 교육 현장에서는 자격증을 요구하는 곳이 많다. 교사 지망생은 교사를 양성하는 교육전문학교를 졸업한 후 시험을 거쳐 교사자격증을 얻는다. 외국에서는 영아를 돌보고 아이들과 놀아주는 단순한 일에도 교육이 필요하고 자격증이 있어야 한다. 훈련을 받고 자격을 인정받아야 보다 효과적으로 업무를 수행할 수 있기 때문이다.

이에 비해 매주 주일학교를 여는 교회는 교사 교육에 체계가 없다. 주일학교 교사에게 자격증을 요구하지는 않지만, 최소한의 교육과 훈련은 필요하다. 그러나 현재 상당수 한국교회는 특별한 교육과 훈련 없이 교사가 세워진다. 과거에는 교육 커리큘럼에 따라 교사 교육이 진행됐지만, 요즘은 그마저도 포기하고 하루 정도의 속성 교육을 하기도 한다. 그것조차 시간을 내기 어렵고 교사가 부족한 교회들은 교육과 훈련 없이 교사를 세우기도 한다. 어쩔 수 없는 일이라고는 하지만, 가뜩이나 기독교 교육의 양이 부족한 상황에서 교육의 질마저 떨어뜨리는 결과를 낳고 있다.

주일학교가 발전하기 위해서는 두말할 나위 없이 학생 개개인을 잘 관찰해 능력을 키워주고, 신앙교육에 대한 사명이

투철하며 훈련된 교사가 필요하다. 이에 공감하는 교회라면 마땅히 주일학교 교사를 양성하는 데 최선의 노력을 기울여야 한다. 주일학교 교육 커리큘럼과 교육 시설과 재정 지원도 중요하지만, 무엇보다 준비된 교사를 양성하는 일을 가장 우선해야 한다.

그러나 현실적으로 접근해보면, 일부 대형교회들과 교사 교육에 뜻이 있는 중소형교회들을 제외하고 자체적으로 교사를 훈련하는 교회는 드물다. 결국 교회 교사 양성은 노회 단위나 교단 차원의 접근이 필요하다. 노회나 교단이 함께 머리를 맞대고 교사 교육 프로그램을 마련해야 한다.

교사 교육에서 중요한 것은 충분한 시간을 확보하는 것이다. 일회성 교육이 아니라, 한 주간이나 월 단위로 충분한 시간을 갖고서 교사가 갖춰야할 신앙적, 인격적, 교육적 요소의 전반을 가르쳐야 한다. 자체적으로 교사 교육을 실시하는 교회들 역시 충분한 시간을 갖고, 담임교역자나 교육 담당 사역자가 교육을 진행해야 한다. 그러자면 그 내용이 교사들로 하여금 시간을 낼 수 있도록 매력적이고 실제적이어야 한다.

{ 세대를 초월한 연합예배 }

일 년에 몇 차례 공식적으로 시간을 정해 부모와 자녀가 함께 연합예배를 드리는 것도 좋다. 자녀들은 부모와 한자리에서 예배를 드림으로써 예배에 대한 새로운 인식을 가질 수 있고, 그날 같이 들은 말씀으로 부모와 자녀가 자연스럽게 대화를 나눌 수도 있다. 적지 않은 아이들이 나이가 들어 성인예배에 참석했을 때 이질감이 들 수 있는데, 부모와 함께 드리는 연합예배를 통해 이질감을 예방할 수 있다.

연합예배에서 무엇보다 중요한 것은 설교 내용이다. 설교자는 부모와 자녀들이 모두 이해할 수 있는 수준으로 설교를 준비하되, 자녀들에게 미래의 비전을 심어줄 성경적 가치관을 담은 교육적인 내용을 준비하면 효과를 높일 수 있다.

아예 연합예배 설교자로 담임목사가 아닌 주일학교 교역자를 세우는 것은 어떨까? 아이들의 눈높이에 맞춰 예배를 드릴 수 있을 뿐 아니라, 어른 성도들에게는 주일학교에 대한 이해와 관심을 높이는 계기가 될 것이다.

연합예배의 의미를 더 하기 위해 예배 후에 주일학교 발표회를 겸할 수 있다. 맛있는 음식도 준비하면 참여율을 높이고 화기애애한 분위기를 조성할 수도 있다.

덧붙여 말하자면, 이런 연합예배 역시 다른 프로그램들과 마찬가지로 반복되고 지속적이어야 한다. 일 년에 3회 내지 4회 정도 실시하면 신앙교육에 효과가 있으리라고 본다.

연합예배와 별도로, 평소에도 성인예배와 주일학교 예배

의 설교 본문을 가급적 통일시키는 것도 효과적인 방안이다. 부모와 자녀가 같은 설교 본문으로 설교를 듣고 각각 예배를 드리면, 교회에서 집으로 돌아가는 길이나 주중에 집에서 자연스럽게 같은 말씀을 나눌 수 있다.

이외에도 한 주간을 '성경적 자녀교육 주간'으로 정해 신앙교육의 중요성과 의미를 일깨우는 것도 좋다. 이 기간에는 앞에서 제안한 여러 가지 주일학교 교육 프로그램을 동시에 진행해 집중도를 높이고, 교인들에게 주일학교의 중요성을 부각시키는 계기로 삼을 수 있다.

{ 교회의 학업 지도 }

오늘날 우리 자녀들의 가장 큰 고민거리는 무엇보다 학업이다. 특별히 한국에서 대학 진학의 관문은 너무나 높아 고등학교를 다니는 2,3년 동안 심한 중압감에 짓눌려 지낸다. 자녀들은 대학 진학이라는 관문을 넘기 위해 밤늦게까지 학원에서 공부하고, 귀가해도 책상을 벗어날 여유가 없다.

그러나 이같은 중압감도 여유가 있는 가정 이야기다. 집에 경제력이 없거나, 기타 사정이 여의치 못해 제대로 공부를 하지 못하고 속만 태우는 아이들이 적지 않다.

교회는 이렇게 공부는 하고 싶으나 공부할 여건이 안 되는

부모가 가는 길로 자녀도 간다

아이들에게 도움을 줄 수 있다. 아이들의 어려움에 공감하고 조금만 관심을 쏟는다면, 많은 교회가 아이들의 학업을 돕는 공부방이 될 수 있다. 교회에서의 학업지도는 전도와 신앙교육과도 연결된다. 교회교육은 어떠한 방식으로든 예수 그리스도의 사랑을 표현하기 때문이다.

한국에서는 많은 교회들이 방과후 교실 형태로 아이들의 학업을 돕고 있다. 매일의 방과후 교실 외에도, 교회는 다양한 방식으로 아이들의 학업을 도울 수 있다. 일대일이나 5,6명 정도 소그룹으로, 또는 10-15명 정도를 모아 주중 특정한 날의 오후나 저녁, 혹은 토요일이나 주일 오후에 따로 시간을 정하면 된다. 요즘에는 매일 모이기가 쉽지 않기 때문이다.

학업지도에도 당연히 교사가 중요하다. 교회 성도들 가운데 해당 교과에 전문 지식이 있으면서 전도와 선교의 사명을 가진 이를 교사로 세워야 한다. 만일 교회 내에서 적절한 교사를 확보하지 못하면 이웃 교회의 도움을 얻을 수도 있다. 반대로 이웃 교회에 필요한 교사가 우리 교회에 있으면, 우리 교회의 교사가 이웃 교회를 도우러 갈 수도 있다. 서로 돕는 것이다. 만일 교회에 학업지도를 위한 장소가 없거나 지원하는 학생들이 부족할 경우, 이웃교회와 연합하여 한 장소에서 진행할 수도 있다. 학업지도는 지역 내의 다른 교회들과 연합할 수 있는 사역이다.

{ 멀티미디어 활용 }

세상의 기술은 변화와 발전을 거듭하고 있다. 자동차만 해도 획기적인 발전을 거듭해 하루가 다르게 더 빠른 자동차, 연료가 적게 드는 자동차, 더 안전하고 편안한 자동차가 쏟아지고 있다. 기름이 아니라 전기로 동력을 대신하고, 사람이 핸들을 잡지 않아도 주위를 살펴가며 스스로 주행하는 자동차도 등장했다.

아이들이 사족을 못 쓰는 스마트폰 역시 신제품이 매일 같이 쏟아지고 있다. 스마트폰은 목소리를 전달하는 무선전화기 수준을 뛰어넘었다. 전 세계 누구와도 영상으로 만날 수 있게 해주고, 수백년 전의 자료를 단 몇 초 만에 읽을 수 있게 해주는 만능기계가 됐다.

교회가 특별히 스마트폰을 비롯한 멀티미디어 기기들에 주목해야 하는 까닭은, 거기에 아이들의 마음을 흔드는 수많은 멀티미디어 콘텐츠가 있기 때문이다. 아이들은 그 콘텐츠에 빠져 교회에서 배운 신앙 지식을 외면하고, 자극적이고 소비적인 콘텐츠에 매몰되고 있다.

아이들은 스마트폰을 통해 생각하고, 대화하고, 공감한다. 멀티미디어는 실제 아이들의 생활에 깊숙이 파고들었다. 2016년 전국의 초등학교 4학년부터 고등학교 3학년까지 학생들을 대상으로 조사한 결과, 한국 청소년들의 미디어

부모가 가는 길로 자녀도 간다

이용률은 모바일(스마트폰)이 91.7퍼센트로 가장 높았다. 다음으로 텔레비전이 82.6퍼센트, 메시징 서비스가 82.5퍼센트 순이었다. 하루 평균 총 멀티미디어 이용시간은 중학생이 521.2분(약 8시간 41분), 고등학생이 472.7분(약 7시간 53분)이었다. 초등학생도 247.2분(약 4시간 7분)이나 미디어를 이용했다. 한마디로 현대 청소년들은 멀티미디어와 함께 살아간다고 해도 과언이 아니다.

이런 상황에서 멀티미디어의 폐해를 막고, 멀티미디어를 발전적으로 이용하는 방법은 교회가 새로운 멀티미디어 콘텐츠를 개발하는 것이다. 예수 그리스도를 소개하고, 우리 아이들을 바르게 가르칠 수 있는 교육 콘텐츠를 만드는 것이다. 아이들이 마음껏 신앙을 나누고 신앙을 키워갈 수 있는 가상의 공간도 마련해주어야 한다.

그러나 아쉽게도 현재 한국교회는 아이들에게 소개할 만한 신앙교육 콘텐츠가 턱없이 부족한 실정이다. 이를 지적하는 목소리가 없는 것은 아니지만, 교회들의 관심 부족과 재정 부족으로 멀티미디어 콘텐츠 개발은 지지부진한 상태다.

이제라도 교회들은 주일학교 자녀들을 위한 멀티미디어 콘텐츠 제작에 관심을 가져야 한다. 현실적으로는 교단과 신학교의 관심과 지원이 필요하다. 교단 차원에서 실제로 콘텐츠를 제작해야 하며, 신학교에서는 신앙교육 멀티미디어 콘텐츠를 설계하고 제작할 수 있는 인력을 양성해야 한다.

세상은 기술을 발전시키기 위해 쉼 없이 노력하고 있다. 삼성이나 애플 같은 회사는 스마트폰 하나를 더 팔기 위해 전 세계 소비자들을 연구하고, 시장을 분석하고, 새로운 경영전략을 고민하고 있다. 교회도 그렇게 고민하고 연구해야 한다.

예수님은 새 술은 새 부대에 넣으라고 말씀하셨다. 교회가 시대의 변화에 민감하지 않으면 현실에 안주하거나 그간의 실수를 답습하기 마련이다. 자녀들의 시선은 이미 오프라인에서 온라인으로 넘어갔다. 그 아이들이 마음 놓고 볼 수 있고 신앙을 성장시킬 수 있는 멀티미디어 콘텐츠가 속히 개발되기를 바란다.

{ 주일학교의 부모훈련 }

교회는 주일학교 교육을 가정이 함께 감당하는 차원에서 부모훈련에도 관심을 가져야 한다. 신앙교육이 잘 되려면 우선 부모의 신앙이 깊은 것도 중요하지만, 부모가 제대로 가르치는 것 또한 중요하다. 자칫하다가는 가정에서 세상의 방식으로 자녀를 가르칠 수 있기 때문이다. 따라서 교회는 교회의 부모들이 제대로 부모 역할을 감당하고 자녀들을 교육할 수 있도록 가르쳐야 한다.

부모가 가는 길로 자녀도 간다

교회의 부모훈련은 다양한 방식으로 진행될 수 있다. 매주 특정시간을 정해 교역자가 직접 강의하거나 외부 강사를 초청할 수도 있다. 부모들이 모여 과제를 함께 수행하거나 토론하는 식으로, 강의를 듣는 대신 훈련을 받게 할 수도 있다. 이 경우는 부모가 자녀들의 연령에 따라 소그룹으로 모이는 것이 효과적이다. 훈련 방식은 교회별로 형편에 맞게 논의를 거쳐 자유롭게 정할 수 있다.

부모훈련은 다음 장에서 다룰 성경적 자녀교육을 위한 부모교실과 겹칠 수 있다. 부모교실이 뜻을 같이 하는 소수를 대상으로 하는 전문훈련이라면, 여기서 말하는 부모훈련은 누구나 참여할 수 있는 열린 훈련 과정이라고 할 수 있다.

부모훈련에서는 특별히 아버지를 세우는 훈련이 중요하다. 성경이 아버지를 가정의 영적 제사장이라고 말해서이기도 하지만, 아버지가 가장으로서 가정에서 미치는 현실적 영향력이 매우 크기 때문이다. 신앙교육에서 아버지를 강조하는 또 다른 이유는, 한국교회가 상대적으로 여성의 비율이 높고 신앙생활 또한 일반적으로 여성이 더 열심이기 때문이다.

아버지를 위한 훈련 시간은 아버지들이 참석할 수 있는 금요일 저녁이나 토요일에 잡는 것이 바람직하다. 부모훈련과 별도로 아버지들이 관심을 가질만한 동호회 활동을 장려하는 것도 한 방법이다. 자녀교육은 아버지가 어머니가 함께 감당해야 할 사역이고, 부모훈련 또한 아버지와 어머니가 균형을 이뤄야 효과적이다. 아버지의 동의와 협력 없이 어머니 혼자 자녀의 신앙교육을 감당해서는 효과적이지 않을 뿐더러, 자녀들에게 도리어 혼란을 줄 수 있다.

이상과 같이 다음세대 교육을 위해 교회에 바라는 사항들을 정리했다. 바라기는 이 시대 모든 교회들이 다음세대 교육에 사명감을 갖기를 바란다.

미래세대를 위해 한국교회는 변화되어야 한다. 어른 중심의 교회에서 자녀들의 교육을 중시하는 교회로 바뀌어야 한다. 부모와 자녀가 함께 말씀을 교육받아 신앙이 성장하며, 그리하여 예수님의 제자로 성장하는 교회가 돼야 한다. 그 결과, 성경적 자녀교육을 받은 교회의 아들딸들이 장차 예수 그리스도의 나라와 의를 이루고, 교회를 말씀으로 세워가며, 말씀의 전신갑주를 입고 세상을 넉넉히 이기기를 기원한다.

⁶오늘 내가 네게 명하는 이 말씀을 너는 마음에 새기고 ⁷네 자녀에게 부지런히 가르치며 집에 앉았을 때에든지 길을 갈 때에든지 누워 있을 때에든지 일어날 때에든지 이 말씀을 강론할 것이며 ⁸너는 또 그것을 네 손목에 매어 기호를 삼으며 네 미간에 붙여 표로 삼고 ⁹또 네 집 문설주와 바깥 문에 기록할지니라 _신 6:6–9

13

부모교사를 만드는 부모교실

최상의 건축 자재가 있다고 집을 지을 수 있는 것은 아니다. 좋은 식자재가 있다고 맛있는 음식을 만들 수 있는 것도 아니다. 가진 재료들을 어느 시점에, 어떻게 사용해야 하는지를 알아야, 그리고 일을 할 수 있는 도구가 있어야 집을 지을 수도 음식을 만들 수 있다.

자녀교육도 마찬가지다. 자녀교육에 대한 열의가 아무리 가득해도 교육에 대한 이해와 노하우, 그리고 가르치고자 하는 것들에 대한 지식과 수단이 없으면 그 교육은 효과를 기대하기 어렵다. 성경적 자녀교육을 꿈꾸고 계획도 세우지만, 실천하기가 쉽지 않은 것은 이 때문이다.

이같은 문제를 해결하기 위해서는 자녀교육을 위한 정보

를 찾고, 필요한 교육을 받고, 노하우를 쌓아야 한다. 이 일은 상당한 시간과 노력이 필요한 작업이다. 이 작업들을 좀 더 효율적으로 하는 방법이 있는데, 그것은 교회에서 뜻을 같이 하는 부모들이 함께 하는 것이다.

실제로 성경적 자녀교육은 한 가정에서 실천하기보다 뜻을 같이 하는 여러 가정들이 함께 실천하는 것이 훨씬 효과적이다. 성경적 자녀교육 과정에서 경험하는 고충과 노하우를 공유하고, 필요한 부분들을 함께 연구하고 기도하며 동행할 수 있기 때문이다. 이 작업을 함께 하는 모임이 바로 '부모교실'이다. 이것은 앞 장에서 언급했듯이 주일학교의 부모훈련과 다른 개념이다.

부모교실은 부모가 자녀에게 성경적 자녀교육을 할 수 있는 단계까지 이르도록 돕는 과정이다. 부모교실은 부모들의 가르침이 자녀들에게 배움과 깨달음이 되고, 마음으로 받아들여지기를 바라는 부모들의 모임인 것이다. 자녀들이 참 사람의 길을 선택하고, 성경적 가치관을 가지게 하는 교육을 받고, 이를 이어가게끔 하는 베이스캠프이자 훈련소 같은 역할을 한다. 따라서 일종의 심화과정이라 할 수 있다. 부모교사를 양성하는 것은 부모교실의 중요한 목표 중 하나이다.

부모가 가는 길로 자녀도 간다

{ 부모교실의 실제 1 : 무엇을 배울 것인가? }

성경적 자녀교육에서 준비된 부모교사는 필수적이다. 따라서 부모교사를 양성하는 부모교실은 성경적 자녀교육의 성패를 가늠하는 조직이라 할 수 있다. 부모교실이 있어야 지속적으로 부모교사를 훈련하고 성장시킬 수 있고, 자녀교육을 평가할 수 있으며 새로운 교육 방법을 개발할 수 있다. 결과적으로 가정과 교회에서 성경적 자녀교육이 제대로 이뤄진다.

부모교실은 신앙적 권면과 위로를 주는 신앙적 부분과 실제 자녀교육에 도움이 되는 현실적 부분에서 그 의미를 찾아볼 수 있다. 현실적 부분에서는 부모교실 구성원들이 서로 합의하여 부모교실의 과제와 목표를 먼저 정하는 것이 필요하다. 현실적으로 어떤 일에 치중할 것인지 합의하는 것이다. 실제적인 관심사가 일치해야 하기 때문이다. 이 부분을 소홀히 다루면 자칫 부모교실 내에 갈등이 일어날 수 있고 연속성을 보장할 수도 없다. 성과 또한 미비할 가능성이 높다.

부모교실의 과제와 목표는 크게 다음 네 가지를 꼽을 수 있다. 첫째, 올바른 성경지식, 둘째, 학교의 학과목을 가르칠 전문지식, 셋째, 학습지도 능력, 넷째, 신앙생활의 솔선수범이다. 이 과제들 중에 어느 하나 쉬운 것은 없다. 많은 시간과 물질과 열정을 투자해야 가능한 일들이다. 이 과제들은 다음 항목들로 세분해볼 수 있다.

△ 예배 · 성경 · 기도 · 찬양
△ 교육 기술(Teaching Techniques)
△ 부모교사로서 필수적으로 알아야 할 학과목들
△ 자녀의 인격(사람다움) 배양, 가치관, 행복관, 인간관계, 목표와 비전 달성을 위한 교육
△ 국내외 학교의 교육동향과 진학을 위한 정보
△ 신앙적이고 교육적인, 폭넓은 자녀교육 사례

부모교실이 수행해야 할 과제 중 대부분은 자녀와 일정거리를 둔 채 부모가 스스로 준비할 수 있지만, '신앙생활의 솔선수범' 즉 '예배 · 성경 · 기도 · 찬양'은 부모들이 각자의 자녀들과 함께 살아가는 가운데 실천해야 할 목표이기 때문에 더 어려울 수 있다. 그러나 어려운 만큼 자녀에게 미치는 영향력은 기대 이상일 것이다. 자녀에게 본이 되기 위해 부모가 신앙생활에 솔선수범을 보일 때, 자녀들은 부모들의 노력 자체에 감동을 받고 부모를 존경하게 되며, 그 자체가 살아있는 교육이 된다.
부모의 신앙생활의 솔선수범에서 또 다시 강조하고 싶은 것은, 특별히 아버지들의 각성과 솔선이 더 필요하다는 점이

부모가 가는 길로 자녀도 간다

다. 앞에서도 강조했거니와, 아버지는 성경의 가르침을 겸허하고 엄중히 받아들이고, 이제라도 가정에서 영적 지도자로 살아야 한다. 그것이 성경적이다. 어머니 역시 남편에게 가정을 다스리는 권한을 돌려주고, 돕는 배필의 역할에 충실해야 한다.

부모의 신앙적 솔선수범이 쉽지 않은 일이라는 데서 짐작할 수 있듯, 부모교실의 과제와 목표 달성 역시 쉽지 않다. 더불어 부모교실도 하루아침에 시작되는 것도, 틀이 잡히는 것도 아니다. 시행 초기에는 많은 시행착오가 있을 수 있다. 그러나 포기하지 않고 함께 기도하며 지혜를 모아가면 해를 거듭하면서 정착이 되고, 성경적 자녀교육에 큰 시너지 효과를 얻는 산실이 될 것이다.

{ **부모교실의 실제 2 : 자녀 이해** }

가끔 서울에 갈 때면 세월의 변화를 피부로 느낀다. 곳곳에 높은 빌딩이 세워지고 최첨단 IT 기술이 도시 전체를 휩싸고 있는 느낌이다. 사람들의 옷차림이나 음식 등이 미국이나 선진국 못지않게 화려해졌다. 특별히 청소년들의 변화는 더 빠르다. 인터넷을 통해 최신 유행하는 패션을 따라하고, 연예인 팬클럽을 형성하고, 자기들끼리 공유하는 새로운 문화를 만들고 있다.

예전만 해도 청소년이라고 하면 어른들의 지시를 듣고 순종하는 존재로 여겼는데, 지금은 도리어 기성세대들이 청소년들의 눈치를 봐야 하는 상황이 돼버렸다. 가정에서도 별반 다르지 않아 '자식이 상전'이라는 우스갯소리가 있을 정도다.

사정이 이렇다보니 문제도 많다. 술과 담배 문제를 비롯해 거친 언어와 학교폭력, 영화나 TV를 본 뜬 모방범죄, 외모지상주의, 집단 따돌림, 사이버 도박과 음란중독 등 수많은 문제들이 청소년 사이에서 생겨나고 있다.

이같은 다음세대, 곧 청소년들의 변화는 교회에서도 예외가 아니다. 주일학교 설교라고 해봐야 10-20분이 고작인데, 그 시간에 제대로 설교를 듣는 아이들은 손에 꼽을 정도라고 한다. 대부분은 스마트폰으로 게임을 하거나 인터넷 검색을 하고, 이도저도 아니면 고개를 숙이거나 눈을 감아버리는 것이다.

아이들이 모두 똑같은 것도 아니다. 영상 문화에 몰입해 있는 아이가 있는가 하면, 대인기피증이나 우울증에 걸려 있는 아이도 있다. 함께 찬송하는 것을 힘들어하는 아이가 있는가 하면, 기도가 죽기보다 싫다는 아이도 있다.

부모교실의 과제 중 하나는 이런 다음세대 아이들, 그리고

부모가 가는 길로 자녀도 간다

내 자녀를 바로 이해하는 일이다. 자녀 세대를 알아야 그들에게 적합한 교육방식과 교육기술 등을 연구하고 활용할 수 있기 때문이다.

자녀 세대를 이해하는 일은 한 번으로 그쳐서도 안 된다. 세상 변화의 속도만큼 아이들 역시 변하기 때문이다. 그런 면에서 부모교실의 과제와 목표가 하드웨어라고 한다면, 자녀를 이해하는 일은 시대 변화에 조정이 요구되는 소프트웨어라고 할 수 있다.

자녀 이해는 이렇듯 다양성과 변화를 기본 전제로 한다. 그럼에도 불구하고 자녀를 이해하기 위한 몇 가지 기본인식은 필요하다. 기본인식이란 변화하는 자녀들을 좀 더 효과적으로 이해하기 위한 틀이기도 하다. 기본적으로 인식해야 할 몇 가지를 예로 들어본다.

첫째, 자녀들은 부모에 종속된 존재가 아닌 독립적이고 개체적인 인격자다.

둘째, 자녀들은 연령, 지적 능력, 사고 능력, 잠재 능력이 모두 다르다.

셋째, 자녀들은 성격, 생활 방법, 취미, 개성이 모두 다르다.

넷째, 신체적 · 정신적 발달 수준이 서로 다른 자녀들의 특성을 각각 고려해야 한다.

다섯째, 맞춤교육으로 자녀의 성장을 도울 수 있다.

부모교실에서는 이같은 기본인식을 갖춘 후 자녀들을 이해하고, 자녀 이해를 바탕으로 자녀들을 도울 수 있는 방법들을 찾으려고 고민해야 한다. 이 과정 역시 부모 혼자 이해하고 시행할 수 없는 부분이다. 전문가의 도움과 뜻을 같이 하는 부모교실 구성원들의 동역이 필요하다.

{ 부모교실의 실제 3 : 틀 세우기 }

부모교실은 일회성 세미나나 프로젝트로 접근해서는 안 된다. 부모교실은 짧은 기간에 가시적 효과를 기대하는 모임이 아니다. 100미터 단거리 경주가 아니라 마라톤 경주다. 고통과 희생을 감내해야 할 요소도 많다. 전문 교육을 받지 않은 부모들이 자녀에게 성경적 자녀교육을 할 수 있는 단계까지 이르는 과정은 호락하지 않다.

부모교실이 최대한 효과를 얻고 부모교사의 수준이 높아지도록 하기 위해서는 다양한 방법과 노력이 필요하다. 교육 전문가를 정기적으로 초빙해 지도와 조언을 받을 수 있고, 부모교사들이 팀을 이뤄 과제를 하나씩 하나씩 해결해나갈 수도 있다. 시행 결과물을 정기적으로 데이터베이스화하여 더 나은 시도를 모색할 수도 있다.

이렇게 부모교실이 잘 운영되기 위해서는 초창기에 준비

부모가 가는 길로 자녀도 간다

해야 할 것들이 있다. 부모교실의 틀을 세우는 것이다. 이것은 부모교실을 세우는 준비작업으로서, 마치 집을 지을 때 기둥을 세우기에 앞서 지반을 다지는 작업이라고 할 수 있다. 틀 세우기 작업은 향후 부모교실 운영에 안정감을 주고, 착오나 오류를 최소화하기 위한 준비 작업이기도 하다. 틀 세우기 작업에는 다음과 같은 것들이 있다.

첫째, 교육방식을 정해야 한다.
부모들이 한 자리에 모여 교육을 받을지, 인터넷이나 온라인을 통해 교육을 받을지, 또 한 자리에 모여 교육을 받을 때 강의식으로 할지, 토론식으로 할지 등을 사전에 정하는 것이다.

둘째, 자녀에게 가르칠 교과목과 교재를 선정해야 한다.
교재 선정을 위해 전문가의 도움을 받을 수도 있고, 부모들이 함께 상의해서 정할 수도 있다. 자녀들의 교과목이 다를 경우 팀을 몇 개로 나눠 교육을 진행할 수도 있다.

셋째, 전문성과 경험이 있는 강사진을 선정해야 한다.
이왕이면 성경적 자녀교육에 공감하고 이해하는 전문 강사진을 선정하는 것이 좋다.

넷째, 웹사이트 제작과 운영에 관한 사항들을 결정해야 한다.

오프라인으로 교육을 받더라도 온라인으로 구성원들이 참여할 수 있는 공간이 필요하다. 자체 웹사이트 제작이 어렵다면 포털사이트에서 제공하는 프로그램을 이용할 수도 있다.

다섯째, 준비위원을 세워야 한다.

앞에서 논의한 사안들을 실제로 진행하고 체계화할 사람이 필요하다. 관련 분야에 전문성이 있는 부모를 최대한 활용하는 것이 좋다.

여섯째, 재원 확보와 재정 운영에 대한 원칙을 세워야 한다.

부모교실이 장기적으로 진행되는 것을 고려해, 과도한 부담이 되지 않는 한도 내에서 구성원들이 재정 마련에 동참해야 한다.

부모교실은 자녀를 위해 기도하고, 눈물 흘리고, 땀 흘리기를 각오한 부모들의 모임이다. 열매는 절대적으로 하나님이 허락하셔야 얻는 것이지만, 부모는 마땅히 주어진 사명을 감당해야 한다. 그 사명은 자녀들을 하나님이 기뻐하시는 귀한 길로 인도하기 위해 기도하고, 부단한 연구와 노력을 기울이는 것이다. 그 길의 끝에 하나님께서 예비하신 아름다운 열매가 있을 것이다. 자녀교육을 향한 부모의 눈물은 보람과 기쁨으로 승화될 것이다.

> 또 아비들아 너희 자녀를 노엽게 하지 말고 오직 주의 교훈과 훈계로 양육하라 _엡 6:4

epilogue

예수 그리스도를 믿는 가정이 성경적인 자녀교육을 포기하는 것은 하나님의 명령을 어기는 일이고, 자녀의 미래를 포기하는 것이다. 성경교육은 자녀가 어렸을 때부터 시작하여 장성했을 때 꽃을 피우게 해야 한다. 성경적 자녀교육은 자녀에게 삶의 원칙이자 지표를 세우는 일이다.

그동안 우리 기독교인 가정들은 자녀교육에서 많은 부분을 방관했다. 부모가 자녀교육의 주체가 되어야 하며, 많은 관심과 노력을 기울여야 한다는 사실도 알고 있으며, 또한 그렇게 말은 많이 했지만, 시간과 여건을 핑계대고 세상의 교육제도와 분위기에 휩쓸려 손을 놓아버렸다.

요한복음 12장 24절은 "한 알의 밀이 땅에 떨어져 죽지 아니하면 한 알 그대로 있고 죽으면 많은 열매를 맺느니라"라고 했는데, 우리는 그동안 이 말씀을 자녀교육에 연결 짓지

부모가 가는 길로 자녀도 간다

못했다.

부모의 사랑과 가르침이 밀알이 되어 자녀의 마음에 떨어져 심겨지면, 자녀의 마음에서 그 씨가 녹아 자녀들에게 살과 피가 되고 열매를 맺게 된다. 그리스도를 믿는 부모는 마땅히 자녀의 가슴에 심겨지는 밀알이 되어야 한다. 필자는 이것을 '밀알교육'이라고 부르고 있다.

성경적 자녀교육은 그동안 여러 차례 다양한 방법으로 여러 사람들에 의해 소개되고 강조됐다. 책으로, 강연으로, 여러 형태의 세미나로 다뤄졌고, 수많은 설교자들도 필요성과 중요성을 강조했다. 그럼에도 불구하고 성경적 자녀교육은 여전히 제대로 이뤄지지 않고 있고, 기독교 자녀교육의 수준은 제자리걸음을 하고 있는 형편이다.

이 책의 집필 목적은 성경적 자녀교육의 필요성과 구현 방법을 설명하려는 것이지만, 성경적 자녀교육을 소망하는 부모들에게 용기를 심어주기 위함이기도 하다. 이제부터라도 각 교회에서 소수라도 성경적 자녀교육을 꿈꾸는 부모들이 성경적 자녀교육을 위해 기도하고, 고민하고, 실천하길 바란다. 가능하면 교회 단위로 뜻을 같이 하는 부모들이 부모교실을 만들기를 바란다. 함께 기도하고 연구하고 꾸준히 실천해 간다면 어떤 어려움도 이겨나갈 수 있을 것이다. 더욱이 우리에게는 의지할 하나님이 있다. 하나님의 뜻을 구현하기 위해 애쓰는 자들을 하나님은 기뻐하시고, 그들에게 지혜를 주시며, 마침내 풍성한 열매를 허락하실 것이다.

 나는 성경적 자녀교육으로 아름답게 자라날 그리스도의 제자들을 꿈꾼다. 하나님의 전신갑주를 입은 그들이 이 암흑 같은 세상에 진리의 빛을 밝힐 것을 꿈꾸고 소망한다.

김종주

{ 자녀를 위한 기도제목 }

_____

_____

_____

_____

_____

_____

_____

_____

_____

_____

_____

_____

_____